Google, SEO/SEM

El Arte de Experimentar
Para lograr las primeras posiciones

Sebastián Cristi Alfonso

AreaRed Publicaciones, 2015/2016
1ª edición
ISBN: 978-1-326-42214-1
Impreso en EEUU / *Printed in USA*

4

Dedicatoria

No puedo dejar de agradecer a mis hijos, Javiera y Sebastián, quienes han sido siempre mi horizonte para los emprendimientos en que me atrevo a dar los primeros pasos que luego se convierten en acciones concretas y que me enseñan a comprender los secretos que se esconden tras cada éxito y fracaso. Ellos son quienes me impulsan a aprender y a crecer día a día, al tiempo que me mantienen conectado con todo lo bueno que sólo la familia puede entregar.

Índice

8

Índice

La importancia de Google en el SEO

Google se ha convertido en el fenómeno más importante del mundo de las tecnologías desde su fundación el 4 de Septiembre de 1996 de la mano de Larry Page y Serguéi Brin, al alero de la Universidad de Stanford mientras estudiaban un post grado en Ciencias de la Computación. En ese entonces nació con el nombre de BackRub, pero en 1997 deciden cambiar el nombre por Google, en referencia a "Gúgol" (término matemático que se refiere al número 1 seguido por cien ceros), debido al objetivo que entonces perseguían: organizar la enorme cantidad de información contenida en la Web.

Sólo el 4 de Septiembre de 1998 ambos fundadores se animan y formalizan la creación de su compañía, denominándola "Google Inc.", desde la cual lanzan al público el popular buscador de Internet que todos conocemos por su sencillez y limpia interfaz. En muy pocos meses destronó al entonces rey de los buscadores, el popular Altavista que comenzó a perder su popularidad al presentar resultados inciertos frente a las búsquedas de los usuarios, frente a la asertividad de los de Google. Poco a poco los tradicionales motores de búsqueda de entonces, como MSN, Yahoo! y Altavista, comenzaron a ser abandonados por los usuarios que prefirieron utilizar a Google con su limpia interfaz y resultados más certeros para sus búsquedas.

En ese entonces, cuando Google aún se encontraba en sus albores, la idea no presentaba ningún modelo de negocios reconocible. Muchos de quienes ya nos encontrábamos trabajando en sitios Web comprendimos rápidamente la importancia de posicionar nuestros trabajos en las primeras posiciones de sus resultados de búsqueda, y comenzamos a estudiar qué variables eran las que Google tomaba para dar mayor o menor importancia a un sitio Web frente a cada consulta de los usuarios.

Poco a poco se comenzaron a establecer ciertos parámetros a considerar en el diseño de los sitios, y sorprendentemente entonces se descubrió que lo que más importaba al algoritmo de Google era la cantidad de veces que se repetían las palabras clave en los contenidos de las páginas. Esto llevó a que muchos "técnicos" del tema optaran por efectuar lo que entonces se denominó como "Spam en Google", diseñando páginas de muy pobre contenido y a veces simplemente como puente entre el buscador y la página de contenido real ingresando en ella solamente una nube de texto relacionado con una temática específica para atraer la atención del buscador... y de los usuarios.

Google también se dio cuenta que comenzaba a aparecer esta *generación de expertos en optimización*, quienes utilizaban todas las vulnerabilidades de su entonces simple indexador para colocar en las primeras posiciones de los resultados a páginas que tenían poca o nula relación con el tema buscado por el usuario final. Pasó muy poco tiempo antes de que se comenzaran a observar severos cambios en la metodología utilizada para indexar, además de penalizaciones para quienes utilizaban técnicas que se escapaban de lo que se denominó como "White SEO" (SEO Blanco).

El nacimiento del SEO

El SEO (Search Engine Optimization) u "Optimización para Motores de Búsqueda" es una especialidad informática y de marketing nacida junto a la necesidad de las compañías y negocios por aparecer en las primeras posiciones de los resultados de búsqueda que realizan los usuarios en Google y –en algunas ocasiones- en otros menos utilizados como Yahoo! y Bing.

Se calcula que en la actualidad Google ocupa la posición número uno en las preferencias de los usuarios, con un 84% de las búsquedas que se realizan en Internet. Estas cifras son justamente las que han convertido esta especialidad en una necesidad para los negocios de cualquier tamaño, pues según destacan los análisis globales de datos, más del 60% de los clientes para productos y servicios realizan consultas acerca de los productos de su interés en Internet, así como de las compañías y negocios que los ofrecen. No solamente entran requiriendo información sobre el producto, muchas veces es de sumo interés quién está respaldando al producto, cuál es la reputación de la compañía, sus políticas, cumplimiento y responsabilidad. Después de todo, lo más probable es que luego se dirijan al carro de compras o a la tienda física y paguen por un bien del que quieren tener la mayor certeza posible para no perder su dinero.

Google sabe de este comportamiento de la sociedad en Internet, y conoce que las intenciones de todo especialista en SEO es posicionar el sitio de su cliente en los primeros lugares de los resultados. Ante este entendimiento de la realidad, Google ha optado por ir puliendo y mejorando su algoritmo de indexación para mostrar los resultados más precisos posibles, con la intención de que los usuarios no se decepcionen con la experiencia que obtienen cada vez que entran al buscador, y puedan obtener rápidamente lo que están buscando, minimizando los errores.

El actual algoritmo es el resultado de innumerables modificaciones, que incluyen políticas anti-spam, un sistema de indexación de sitios que ya no depende únicamente de los contenidos sino de la votación de los propios usuarios y de sitios relacionados con alta reputación y reconocido prestigio, actualización periódica de contenidos de calidad, diseño, navegabilidad y ahora último también su compatibilidad con dispositivos como teléfonos móviles y tablets.

Esto último ha adquirido una enorme importancia para los encargados del funcionamiento del buscador, desde que se determinó que (a Julio del 2015) más del 50% de las consultas a su motor de búsqueda se realizan desde teléfonos inteligentes. La incompatibilidad de algunos sitios Web para presentarse adecuadamente en las pantallas de estos dispositivos móviles ha comenzado a provocar su drástica caída en el posicionamiento que presentaban antes de que el nuevo algoritmo tomara en consideración este factor para posicionar los sitios.

El SEO ha cambiado. Prácticamente todas las técnicas de posicionamiento que fueron efectivas a principios de los 2000, hoy ya se encuentran absolutamente obsoletas y es muy probable que si alguien pretendiera aplicarlas hoy, sería sancionado por Google llevando al sitio hasta las últimas posiciones o simplemente quitándolo de la base de datos de sitios indexados. Considerando que hoy la mayoría de las personas consultan por Internet antes de comprar un bien en el mercado físico u Online, un castigo de esta magnitud podría representar una verdadera catástrofe para cualquier negocio.

Es por ello la importancia del SEO como técnica de Marketing más que considerarla como una herramienta alternativa y sin importancia. Google se empeñó hace cuatro años en hacer creer a la comunidad que el SEO como tal estaba muriendo, cuando lo que en realidad estaba sucediendo era que se comenzaba a premiar con el posicionamiento eficiente a los sitios que fuesen reconocidos por la propia comunidad de usuarios. Esto es, en base a los votos de los usuarios hacia el sitio, y a los votos recibidos por otros sitios de gran reputación y con similar temática, por medio de links.

¿Y cómo se consiguen estos links? Esto es parte de lo que hablaremos en este libro, orientado a conocer y dominar los conceptos y técnicas necesarios para posicionar nuestro sitio Web en las primeras posiciones cada vez que un potencial cliente está buscando información relacionada con nuestros productos y/o servicios.

Importancia de Google para nuestros Negocios

Para el usuario final quien se encuentra en su casa u oficina buscando información, Google no es más que un buscador. Ya se ha posicionado como el principal centro de búsquedas en Internet y las personas no vinculadas con el mundo del SEO lo utilizan como si fuera algo realmente sencillo. Esa es la imagen que sus fundadores decidieron imprimirle desde el momento de su creación, y así se ha mantenido a lo largo de los años.

Sin embargo lo que se mueve en sus profundidades es un mundo complejo cuyos hilos son manejados por miles de técnicos y profesionales que se encargan de que esa interfaz blanca y sin complicaciones, parezca algo sencillo. A Junio del 2015 eran 55.500 empleados, y el algoritmo que utiliza el indexador de Google es tan complejo que casi ninguno de ellos sabe exactamente qué es capaz de hacer en detalle este monstruo. Cada uno conoce ciertos aspectos en los que está directamente involucrado, pero solamente algunos directivos tienen guardados bajo siete llaves todos los secretos que esconde el algoritmo del buscador, con una tecnología de hardware que supera 1 millón de servidores atendiendo las consultas de los usuarios de todo el mundo.

Los ejecutivos de Google saben valorar lo que tienen entre las manos, y lo sostienen en el tiempo asegurando a los usuarios finales resultados de búsqueda de gran calidad en cuanto a los contenidos que se les presentan frente a cada consulta. Este es el mayor valor de la compañía, y por lo tanto es un área que, a pesar de todos los demás modelos de negocio que tiene Google, nunca descuidarán. Esto los ha llevado a hacer cada vez más estricto el algoritmo que condiciona el posicionamiento de cada sitio Web, lo que deriva directamente en un trabajo mucho más fino para quienes requieren sus sitios bien ubicados en los resultados.

A pesar de que la compañía no ha hecho públicos los datos que nos permitan saber cuántas consultas se realizan diariamente a su motor de búsqueda, el cálculo de especialistas nos indica que estas superan los tres billones de consultas cada 24 horas. Estamos tratando con un gigante que recibe 90 billones de consultas mensuales. Una cifra más que impresionante, y que convierte a Google en el sitio Web más visitado en el orbe.

Como dato anecdótico, en 2013 Google sufrió una caída en sus servicios durante 5 minutos, lo que llevó a que el tráfico en Internet cayera en un 40% durante ese corto periodo de tiempo. Esto, porque el 84% de las búsquedas se realizan mediante este buscador.

Esta es la realidad de Google, que concierne a toda la Internet mundial, y muy directamente a tu negocio o emprendimiento. Nuestros sitios Web son la verdadera carta de presentación de nuestra idea de negocios. Las tarjetas de presentación están para recordar a tu nombre a tus clientes y especialmente la dirección Web, pues cada vez que un potencial cliente quiere averiguar algo o comprar un bien, visita primero el sitio Web que es el que debe proporcionarle toda la información que necesita para tomar una decisión.

Lo más importante es comprender que, como en cualquier modelo de negocios, el tuyo depende de la calidad y cantidad de clientes que puedas atraer hacia tu producto. Hay que dar por seguro que no existe un medio eficiente que dé a conocer nuestro negocio a todo el mundo, salvo efectuar costosas campañas en Televisión que muy pocos están en condiciones de financiar. Y aquí es donde interviene Internet con nuestro trabajo en un Sitio Web que respalde nuestro nombre y proporcione la mayor cantidad de información posible que permita al comprador tomar decisiones informadas.

Es posible construir y diseñar un sitio Web que cumpla con todos los requisitos para convertirse en un éxito en visitas y una máquina para hacer negocios Online, como sucede con muchos sitios Web en tu país y alrededor de todo el mundo. De hecho cada vez son más los negocios que han establecido con éxito toda su política de marketing y de canal de ventas en Internet con carritos de compra y catálogos eficientes y atractivos. Personalmente administro esas políticas para varios negocios que hoy administran todos los aspectos comerciales vía Internet.

A simple vista parece difícil lograr esta dinámica "virtual", y ello frena a muchos emprendedores para invertir recursos y/o tiempo en estrategias Online, continuando con las tradicionales que, además de ser muy caras, entregan resultados demasiado vagos y sin ninguna certeza en sus resultados pues llegan a públicos muy reducidos por medios y canales que además, entregan muy poca información del retorno de la inversión.

Como ya he mencionado en seminarios y en algunos de mis libros anteriores, hay una analogía que grafica muy bien lo que sucede cuando el esfuerzo en nuestro sitio se focaliza únicamente en su diseño y contenidos:

Tener el mejor sitio en Internet, sin trabajar para posicionarlo, es como tener un hotel de lujo en una paradisíaca isla del pacífico. Puede ser el mejor hotel, la mejor atención, precios accesibles y contar con promociones increíbles, pero si no se da a conocer en los operadores turísticos y no se publica en el mapa, nadie nunca va a llegar a ella.

Simplemente porque no la conocen. Los turistas siempre llegarán a la competencia.

Lo mismo sucede con nuestros sitios Web. Y este es un error que cometen muchos negocios: encargan el diseño a un especialista o lo contratan junto al plan de Web Hosting, y lo dejan ahí, publicado, esperando que comiencen a llegar las visitas y los clientes. Ante el fracaso frente a esas perspectivas, viendo que las visitas se limitan únicamente a aquellas a quienes entregamos directamente la dirección Web de nuestro sitio, el desánimo y frustración comienzan a apoderarse hasta llegar al punto en que se pierde el interés en el sitio y se deja abandonado. *"Total, no sirve de nada"*, es un argumento que se esgrime con frecuencia ante este tipo de situaciones.

A lo anterior no hay más que responder que ese concepto de Internet se encuentra completamente al otro costado de la realidad contemporánea, y que corresponde a una perspectiva muy errada para entender lo que es Internet en la actualidad y cuánto influye en la generación y ventas de un negocio. Basta con observar cómo el presupuesto en publicidad y marketing de las grandes compañías han comenzado a dar mayor importancia a las inversiones en este canal que en años anteriores, afectando enormemente a la industria de la Televisión y las publicaciones impresas que antes eran su sostén principal para comunicar y dar a conocer sus productos y marca.

Y es que Internet juega un rol fundamental en la experiencia del Cliente y en cómo se llega al consumidor. La línea entre el marketing tradicional y el digital se ha comenzado a desdibujar y cada uno de ellos se encuentra cada vez más interrelacionado, principalmente gracias a la intervención de las redes sociales que se han convertido en una pieza fundamental en el juego de las comunicaciones y atención al cliente.

Indudablemente las campañas publicitarias tradicionales atraerán clientes, como siempre se trata de una estrategia que utiliza canales que son ampliamente utilizados aún. Sin embargo Google ofrece algo que ningún otro canal podría entregar: que sean los clientes quienes encuentren nuestro negocio, y no nosotros a ellos.

De esto se trata el SEO, pues al posicionar nuestros sitios en las primeras ubicaciones de los resultados de búsqueda que efectúan nuestros potenciales clientes, nos estamos presentando ante ellos como la opción que ofrece Google para tomar tus decisiones. Y las personas por lo general confían en lo que Google les sugiere.

¿Existe alguna otra forma de hacer que, tan eficientemente, nuestros potenciales clientes nos encuentren sin que tengamos que salir nosotros a buscar a los clientes para nuestro negocio?

Autoridad de Nuestro Sitio

La autoridad en lo que se refiere al SEO es lo que determina la importancia que tiene una página determinada frente a otras cuando se realizan búsquedas para su contenido.

Esta "Autoridad" puede referirse al dominio (sitio completo) o a algunas páginas específicas, y determinará qué tan importante es para Google indexarlas y otorgarles un buen posicionamiento.

No es mi intención entrar demasiado en detalle en la temática del cómo se construye esta autoridad, ya que básicamente es la suma de enlaces entrantes que posee un sitio, o una página específica, y dicha autoridad estará influenciada fuertemente además por la autoridad que poseen las páginas que enlazan hacia las nuestras.

En los siguientes capítulos ahondaremos en varias técnicas y estrategias para conseguir esos enlaces entrantes, o Inbound Links.

La autoridad se mide de 1 a 100, siendo el más alto el de mayor autoridad. Existe una muy buena herramienta de MOZ que utilizo para ver estos datos en cualquier página que acceso:

http://moz.com/tools/seo-toolbar

Inteligencia Competitiva

Los negocios que ya llevan un tiempo establecidos tienen una gran ventaja a su favor, disponiendo de toda la información y experiencia acumulada para realizar una correcta toma de decisiones. Esto les permite predecir cuáles deberían ser sus siguientes movimientos al tiempo que identifican amenazas de forma más temprana y son capaces de imaginar el futuro del mercado en que compiten.

Es por estos motivos que una de las tareas prioritarias de quien pretenda aventurarse en el mundo del SEO para posicionar bien su propio sitio Web debe ser el análisis de la competencia, sus acciones en Internet y comprender su estrategia.

El análisis de la competencia es una estrategia ampliamente utilizada por compañías de todos los tamaños, tanto en el mundo tradicional como en el virtual, y es en este último donde es más fácil descubrir los secretos que les han permitido ubicar sus sitios Web en las primeras posiciones.

Los pasos a seguir son, en teoría, simples aunque requieren de bastante trabajo que podría parecer algo tedioso pero se hace absolutamente necesario.

1.- Identifica a tu competencia

Si tu negocio es el de alimentos por medio de un restaurante, probablemente ya tengas parcialmente identificada a tu competencia por ubicación geográfica, concepto, temática o por estilo de atención. En una tienda Online o en un simple blog, puede que esa identificación no sea tan evidente.

Tu competencia natural son aquellos negocios que están ofreciendo productos similares a los tuyos y sin duda serán los que te entreguen las primeras pistas que permitan identificarlos como tu competencia directa en el negocio, aunque probablemente no lo sean en términos de optimización en Internet. La Web contiene decenas de recursos que te pueden dar una idea de quienes están corriendo tu misma carrera por el SEO, como los Top Ranking, sitios Web de premios y comunidades de usuarios especializadas en la temática de tu negocio. Acude a ellas para ver de qué y de quién se está hablando.

Cuando utilizamos el término SEO, inmediatamente se nos viene a la cabeza la idea de "Palabras Clave". Estas son las que quieres determinar para que sea encontrado tu sitio Web. Es decir, cada vez que alguien escriba "pelotas de tenis" (asumiendo que vendes ese producto), tu sitio debería aparecer en las primeras posiciones. Probablemente no es así aún, pero es posible conseguirlo. Y así lo ha entendido tu competencia, por lo que si escribes "Pelotas de Tenis" en el buscador de Google, te aparecerán todos aquellos sitios Web que son tu competencia directa en cuanto a SEO, porque han logrado posicionar sus sitios en las primeras posiciones y es ahí donde tú quieres llevar tu propio sitio Web ¿verdad? Utiliza Google para encontrar a tu competencia en SEO.

Debes considerar que al momento de buscar "Pelotas de Tenis" en Google puede que aparezcan varios que no hacen lo mismo que tú, pero siguen siendo tu competencia directa puesto que ocupan ahí un lugar en el que debería estar tu sitio Web y no el de ellos.

Por ejemplo, mira el resultado que se obtiene hoy para esas palabras clave:

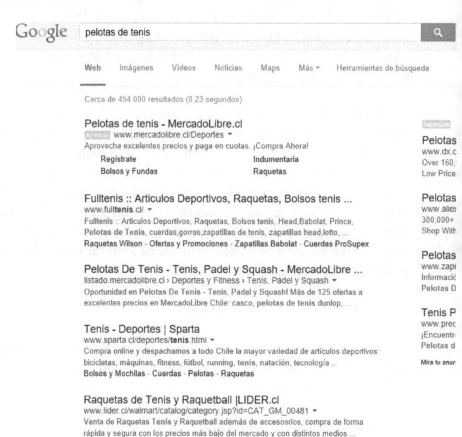

Google   pelotas de tenis   🔍

Web   Imágenes   Vídeos   Noticias   Maps   Más ▾   Herramientas de búsqueda

Cerca de 494.000 resultados (0,23 segundos)

Pelotas de tenis - MercadoLibre.cl
www.mercadolibre.cl/Deportes ▾
Aprovecha excelentes precios y paga en cuotas. ¡Compra Ahora!
   Regístrate   Indumentaria
   Bolsos y Fundas   Raquetas

Fulltenis :: Artículos Deportivos, Raquetas, Bolsos tenis ...
www.fulltenis.cl/ ▾
Fulltenis :: Artículos Deportivos, Raquetas, Bolsos tenis, Head,Babolat, Prince,
Pelotas de Tenis, cuerdas,gorros,zapatillas de tenis, zapatillas head,lotto, ...
Raquetas Wilson - Ofertas y Promociones - Zapatillas Babolat - Cuerdas ProSupex

Pelotas De Tenis - Tenis, Padel y Squash - MercadoLibre ...
listado.mercadolibre.cl › Deportes y Fitness › Tenis, Padel y Squash ▾
Oportunidad en Pelotas De Tenis - Tenis, Padel y Squash! Más de 125 ofertas a
excelentes precios en MercadoLibre Chile: casco, pelotas de tenis dunlop, ...

Tenis - Deportes | Sparta
www.sparta.cl/deportes/tenis.html ▾
Compra online y despachamos a todo Chile la mayor variedad de artículos deportivos:
bicicletas, máquinas, fitness, fútbol, running, tenis, natación, tecnología ...
Bolsos y Mochilas - Cuerdas - Pelotas - Raquetas

Raquetas de Tenis y Raquetball |LIDER.cl
www.lider.cl/walmart/catalog/category.jsp?id=CAT_GM_00481 ▾
Venta de Raquetas Tenis y Raquetball además de accesorios, compra de forma
rápida y segura con los precios más bajo del mercado y con distintos medios ...

Pelotas de Tenis - Selecciona Ahora | Dafiti Chile
www.dafiti.cl › Masculino › Deportes › Deporte Masculino ▾

Anuncio
Pelotas
www.dx.c
Over 160,
Low Price

Pelotas
www.alie>
300,000+
Shop With

Pelotas
www.zapi
Informació
Pelotas D

Tenis P
www.prec
¡Encuentr
Pelotas d

Mira tu anur

25

Sí, este parece ser un mercado muy competitivo. Todos los resultados obtenidos en la primera página pertenecen a sitios Web de la competencia directa, y probablemente podrían llevarte a pensar que estás compitiendo contra gigantes ya establecidos e imposibles de superar. Pero con el correr de las páginas, te voy a demostrar que incluso es posible quedar listado entre estos seis, siguiendo algunas técnicas. La primera, como ya te lo mencioné, es analizar qué están haciendo ellos para aparecer en las primeras posiciones, y con estos datos aprender a hacer lo mismo y mejor para disputar esos lugares.

Cuando busques en Google para identificar a tu competencia, no te debes conformar con los primeros resultados obtenidos en el análisis previo a la elaboración de tu estrategia. Internet es amplio, diverso e impredecible y probablemente ocurrirán muchos cambios en esos resultados en la medida que transcurren las semanas. Después de todo, siempre debes tener en consideración que tu competencia, tanto la antigua como la que vaya apareciendo en el camino, estará siempre intentando ocupar esas posiciones de privilegio.

2.- Análisis de la competencia

Una vez que has identificado a tu competencia, comienza la tarea más compleja para la preparación de tu plan de SEO: el análisis de su estrategia.

Tu primer foco debe centrarse sobre la **Arquitectura Web** de tu competencia.

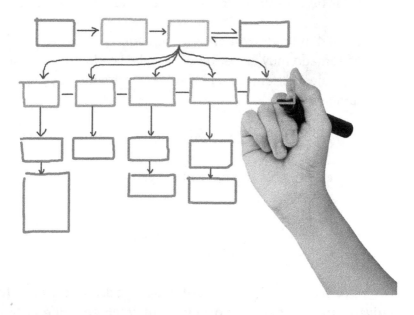

Para descubrir la Arquitectura Web del sitio que estás analizando, es necesario que identifiques su estructura de links. Para ello debes estudiar cómo construyeron esa Web en cuanto a los enlaces internos que posee y cómo se han distribuido en la página, para que puedas descubrir qué páginas (enlaces internos) se están priorizando. Al mismo tiempo, la distribución de los contenidos y forma en que se presentan te darán una pista de qué aspectos técnicos del contenido han sido tomados en consideración por Google para darles una posición de privilegio.

Busca dentro de los contenidos, títulos e imágenes las palabras clave por las que encontraste ese sitio, y observa en qué posiciones de los textos se encuentran para comprender por qué Google las tuvo en consideración para darles una alta valoración.

La **Calidad de los contenidos** también es un factor prioritario, pues es tomado muy en serio por Google. Lee lo que han escrito y qué lenguaje utilizan, ello te llevará a entender a qué público están dirigidos.

¿Ofrecen guías paso a paso?

¿Tienen un blog especializado y permiten comentarios de las visitas?

¿Utilizan un lenguaje extraño o hablan acerca de temas poco convencionales o polémicos?

Al observar ese tipo de contenidos, podrías descubrir que se dirigen a tu mismo público o a uno completamente diferente.

La **cantidad y periodicidad del contenido** generado es otro factor que debes tomar en cuenta, descubre si experimentan con nuevos formatos o ideas, o si se trata de una Web Multiautor. Si observas que ese sitio no actualiza periódicamente su contenido, tu tarea para superarlos no será tan difícil pues Google valora inmensamente la generación periódica de contenidos frescos. Si en cambio, publican nueva información a diario, la tarea que se te viene por delante será más dura y deberás utilizar mucho tiempo e ingenio para acercarte a su posición.

Con **el formato** aprovecha **la visión estratégica** que te entregará el contenido de tu competencia. Es muy diferente un sitio que sólo contiene texto, a uno que proporciona información por medio de imágenes y videos. Es muy probable que descubras que están prestando poca atención a un perfil de clientes al que tú podrías dirigirte para capturar su atención. El aporte de enlaces y recursos externos serios relacionados es una gran herramienta para los contenidos tanto para los usuarios como para el algoritmo de Google.

Observa **cómo funciona su sistema de E-Commerce**, esto te dará una idea de cuál debería ser el camino correcto para tu propio sitio. Pero debes entender que lo que funciona para otros puede que no funcione para ti, dado que todos los públicos son diferentes. A veces es más válido descubrir qué no funciona y trabajar sobre ese aspecto para ofrecer algo mejor.

¿Existe **la conversión** en tu competencia? Si tienen un sistema de Newsletter, o uno que obliga a compartir o suscribirse para descargar algún material de interés, te dará una pista de cuál es su estrategia de conversión para "atrapar" a los clientes en sus listas de correo y estrategias de conversión. También puede aclararte cuál es su modelo de negocios y su rentabilidad.

Si puedes tomar algo que ya ha hecho otro y mejorarlo, debes hacerlo. Si has logrado descubrir qué nicho no están atendiendo, aprovéchalo. Si están cometiendo errores, aprende de ellos y mejora la idea para no cometerlos tú y así diferenciarte positivamente. Innova usando conceptos que ellos no estén utilizando aun.

29

La **Evaluación de Links** te entregará valiosa información acerca del potencial SEO, independientemente de qué tan bien posicionada esté. Puede que se encuentre en la primera posición pero esto corresponda solamente a una afortunada casualidad al no tener competencia real para las palabras clave que estamos estudiando. Esto te permitirá descubrir si la industria en que te estás moviendo es muy competitiva o tiene aún suficiente espacio para ti.

Una Web que aparece para todas las palabras clave que escribes, podría estar bien posicionada por un gran trabajo SEO, como por ser un enjambre de links. Analizar cuál es la realidad que ha llevado a ese sitio a los primeros lugares te entregará una idea bastante precisa de si tus esfuerzos deberán concentrarse en la generación de links o de contenido de calidad, aunque yo siempre me inclino a pensar que Google valorará más esto último.

La construcción de una **red de enlaces externos** podría ser el motivo que ha colocado a esa web en las primeras posiciones. Es muy útil en este análisis estudiar muy bien de dónde provienen esos enlaces externos, con ellos puedes descubrir sitios de nicho dispuestos a listar también tu negocio, universidades o sitios de Gobierno que tiene un alto ranking con los que podrías construir relaciones y conseguir algunos enlaces hacia tu sitio, etc.

Para descubrir los contenidos de mayor éxito en la Web de tu competencia, es necesario identificar las páginas de su sitio que obtienen más enlaces externos. Lo lógico es que la página de inicio (Home) sea la que obtiene mayor cantidad de links, pero tras ella existen siempre varias que atraen la atención de las visitas y están siendo enlazadas por otros sitios gracias a sus contenidos de valor, en lo que se reconoce como Link Building.

La autoridad de una Web se mide por dos factores fuertes:

1) Cantidad de links enlazando al sitio
2) Cantidad de dominios que lo están enlazando

No solamente es importante la cantidad de dominios (otros sitios Web diferentes), sino la autoridad de esas páginas de origen. Mientras más alta la autoridad de la página de origen del enlace, mayor será la autoridad que se le brindará a la nuestra.

 Una muy buena herramienta para determinar la autoridad de una página es la que ofrece DMOZ en el siguiente enlace: https://moz.com/researchtools/ose/

Una vez que has identificado a tu competencia y realizaste el análisis que te permita comprender cómo y por qué está listada en esos primeros lugares en los resultados de búsqueda en Google, podrás comenzar a idear tu propia estrategia SEO al mismo tiempo que la de Marketing Digital.

 Herramientas Útiles para Inteligencia Competitiva SEO:

- **MOZ OpenSiteExplorer:** Análisis simple de autoridad de dominio *http://www.opensiteexplorer.org/*
- **SEMRUSH:** Análisis SEO y SEM del tráfico que genera tu competencia *http://es.semrush.com/*
- **Majestic SEO:** Analiza perfil de links de la competencia indicando su autoridad y confianza *http://www.majesticseo.com/*
- **AHREFS:** Entrega un amplio perfil de links *https://ahrefs.com/*

Segmentación de la Audiencia

Adquiere importancia absoluta la segmentación del público al que queremos llegar, como ocurre con cualquier estrategia de Marketing. Esto permitirá que el público se mantenga más expectante e interesado con la información que le haremos llegar.

El objetivo de identificar adecuadamente a nuestro segmento es poder ofrecer los productos y servicios que ellos requieren, y no de estar "inventando la rueda" con soluciones que ellos no están buscando.

Para poder segmentar a nuestro público debemos analizar nuestras bases de datos:

- ¿Tenemos la información suficiente para entender las necesidades de nuestros clientes?
- ¿Cuento con información de sus perfiles que me permita segmentarlos?
- La información que tengo ¿me permite definir el target que busco?

Estas son preguntas clave al momento de estructurar nuestra estrategia de marketing Online. Quizá no directamente para el trabajo SEO, pero indudablemente sí para nuestro modelo de negocios que finalmente afecta a todos los aspectos, incluido el posicionamiento.

Al segmentar, podremos entender cómo cada tipo de usuario actúa frente a los escenarios que les planteamos, especialmente en aquellas zonas de nuestra Web más críticas como son la interacción dentro del carro de compras. Si podemos segmentar nuestro público, podemos crear diferentes escenarios para cada uno de ellos y con esto lograr una mayor tasa de conversión.

Los especialistas en SEO han estado volcando desde hace un par de años sus miradas hacia el análisis a nivel de usuario, y aunque son datos bastante complicados de digerir, entregan secretos que proporciona tu propio sitio Web acerca del comportamiento de los usuarios y los segmentos a los que pertenecen frente a diferentes escenarios propuestos por tu sitio para su experiencia frente al carro de compras, llamados a la acción, etc.

Obviamente lo mejor para obtener estos valiosos datos es contar con un desarrollo propio que haya sido preparado para proporcionar datos de analitycs, pues estos usualmente guardan antecedentes del usuario que ha visitado la sección. Pero como esto no es así la mayoría de las veces, la mejor forma de poder acercarnos a estos antecedentes es por medio de aplicaciones externas. En ellas. Google Analitycs es la reina de las aplicaciones de análisis de datos.

Para conseguir la información que necesitamos que nos permita obtener una segmentación de nuestros usuarios, es necesario siempre contar con sistemas multi-sesión, con identificación del usuario y su perfil personal. Esto podría conseguirse en el propio carro de compras, o en el acceso a información de valor bajo registro como usuario. Unos pocos datos recolectados nos permitirían obtener los necesarios para poder segmentar a los usuarios por edad, intereses, sexo, ubicación geográfica, etc.

Una vez que se comienza a construir la base de datos con variables que permitan la segmentación, nos será más fácil dirigir mensajes y ofertas que capturen realmente la atención de los destinatarios, diferenciados por las tendencias que ellos mismos han establecido en su registro. Si ya cuentas con una base de datos de clientes que no contiene esta variable, lo mejor es intentar hacer que completen la información faltante por medio de algún incentivo (regalo, promoción, etc.). Los datos que recopiles siempre tendrán un valor inmensamente mayor al que incurras como incentivo, pues un mensaje dirigido a un segmento adecuado obtendrá un gran número de conversiones que hoy no tiene tu sitio.

Aunque puede parecer poco relevante el tema de la segmentación de tu audiencia para la materia que ocupa a este libro (SEO), en los capítulos siguientes comprenderás que cada aspecto relacionado con tu sitio Web y la administración de los usuarios y visitas que llegan a éste contribuyen enormemente a un mejor posicionamiento.

TIPS PARA EL TRABAJO DE SEGMENTACIÓN
1.- Estudio

Contempla la fase de captación de los datos disponibles del mercado para detectar la forma en que podemos realizar la segmentación (cuantificación, variables aplicables, etc). Para este paso podemos acudir a fuentes existentes como informes, estudios, datos comerciales propios o sectoriales, fuentes públicas de análisis estadístico, desarrollando investigaciones desde la propia empresa a expertos y clientes (% equilibrado por grupos) o a por medio de pruebas empíricas en el punto de venta o distribución obteniendo conclusiones in situ.

En el caso del Comercio Electrónico este estudio se podría realizar controlando la información acerca de cómo los usuarios navegan por nuestra web, cuáles son los productos de su preferencia en las consultas, cuál de ellos están relacionados, qué información demandan al sistema, las referencias que se hacen de estos en foros, blogs, portales de especializados de compra/venta, posicionamiento en buscadores, etc.

Los datos obtenidos de este estudio deben ser organizados por relevancia, actualidad o calidad, antes de someterlos a tratamiento para segmentar.

En esta fase se almacenarán los datos para su tratamiento empleando bases de datos, hojas de cálculo o herramientas específicas para la segmentación.

2.- Análisis de datos para identificación de segmentos

Ya obtenidos los datos, llega la hora de analizarlos seleccionando las variables que permitan diferenciar los segmentos de mercado. De esta forma generaremos grupos identificados que demandan necesidades similares, y comparten hábitos de navegación y compra.

Existen dos tipos de análisis:

- *Factorial:* Este utiliza variables altamente relacionadas o directamente similares para reducir la cantidad de variables a emplear, y así obtener una base de usuarios/clientes más administrable.

- *Análisis de grupo:* Utiliza variables que permiten identificar los segmentos homogéneos y aquellos que se diferencian claramente de los otros.

La estrategia de segmentación puede considerarse correctamente diseñada si las variables seleccionadas tienen relación directa con el producto o servicio que deseamos vender, los grupos son medibles (volumen de compra), accesibles (deben poder identificarse y acceder a ellos) y con un tamaño suficiente como para rentabilizar los costes comerciales y de marketing derivados de la propia segmentación y de las acciones asociadas de comunicación.

3.- Administración de perfiles

Luego de la segmentación, procederemos a individualizar cada uno de los segmentos obteniendo su Perfil y asignarle un nombre concreto.

Cada perfil está formado por los valores de todas las variables comunes a todos nuestros clientes y aquellas que diferencian los segmentos entre sí.

Ejemplo: Los segmentos de nuestro local de electrónicos online podrían ser:

- *El autosuficiente: busca marca, modelo e información detallada pero tiene claro que dispositivo desea. Busca precio.*

- *El indeciso: necesita comparar información de abundantes fuentes antes de decidir qué comprar y dónde hacerlo. Busca confianza.*

- *El efectivo: desea que se le atienda con rapidez y obtener la información del equipo que desea sin pérdida de tiempo y con el máximo detalle. Busca prestaciones.*

Además, un segmento de mercado es útil si la empresa es capaz de ofrecer un producto/servicio diferenciado para cada segmento, y que esta diferenciación sea perceptible y relevante para ellos.

La tecnología en esta fase se emplea para manejar los miembros de cada segmento (acciones directas como marketing mail donde se puede analizar la fidelidad, rentabilidad, actividad y comportamiento del cliente) y para hacer un seguimiento de la efectividad de cada campaña (inversión, retorno, incremento de ventas/clientes), la productividad de un segmento,etc.

4.- Selección del segmento

Este es el último paso antes de las acciones de marketing basadas en segmentación, e implica escoger uno o varios segmentos que se adecúen a los objetivos inmediatos de la empresa (incremento de ventas, fidelización, generación de marca, influencia).

Los segmentos elegidos pueden ser uno, varios o todos, o pueden incluso utilizarse en una secuencia temporal.

Ejemplo: Una empresa va a lanzar un dispositivo tecnológico para instalar en el coche. La campaña se iniciará con el segmento más innovador e inclinado a probar novedades. Pasado un tiempo, y ante las opiniones de estos clientes que crean tendencia, se empezará a ofrecer a clientes ejecutivos con poder adquisitivo medio y con coches de alta gama preocupados por su imagen, para finalmente hacerlo llegar a todos los clientes que tengan coche con menos de 5 años de antigüedad y móvil con menos de 1 año.

El procedimiento de segmentación, en todas sus fases, debe replicarse periódicamente, porque los segmentos de mercado cambian a lo largo del tiempo tanto por el comportamiento de los clientes como por la influencia de la competencia o por las variables propias del mercado.

Una vez están identificados claramente los segmentos de consumidores, es necesario que la empresa defina la estrategia de marketing y las herramientas más adecuadas para gestionar estos segmentos.

Beneficios e inconvenientes de la segmentación de mercados

Entre los beneficios destacan:
- Identificar los clientes potenciales y fidelizarlos.

- Conocer las demandas de los clientes de un grupo homogéneo (segmento o microsegmento) y realizar un diseño más eficaz de marketing mix para satisfacerlas.

- Crecimiento rápido de la empresa en los segmentos donde se especializan.

- Ajustar las características de los productos/servicios y el precio de venta apropiado para cada público objetivo. Mejorar la eficiencia de los canales de distribución, atención al público y comunicación.

- Disminuir la competencia, al trabajar con segmentos mucho más específicos.

- Generar nuevas oportunidades de negocio basadas en la detección de necesidades no cubiertas.

- Posicionar a la empresa con una ventaja competitiva importante.

Entre los inconvenientes:

- Coste de la segmentación. Ya que exige tiempo y personal formado y dedicado a segmentar la base de clientes reales y potenciales.

- Coste de las acciones de promoción o comunicación. Al tratarse de acciones diferentes para cada segmento.

- La complejidad de la obtención de algunos datos, puede disminuir la efectividad de la segmentación.

- El riesgo de dejar fuera de las campañas a un volumen importante de clientes potenciales no identificados.

- Los perjuicios ocasionados por elegir estrategias erróneas o contrarias entre sí que generen malestar entre clientes por un trato desigual.

El Contenido: Nuestro Mayor Valor

Como explicaba al inicio, existen muchas técnicas SEO que de usarse hoy en día, llevarían directamente al barranco a nuestro sitio Web. Es lo que se denomina Black SEO, que se refiere a todo aquello que se utilice para intentar engañar a Google con el objetivo de obtener un mejor posicionamiento del que realmente merece un sitio Web específico.

Es por este motivo que centraremos gran parte de la temática de este libro en lo que más le gusta a Google: LOS CONTENIDOS.

Desde hace ya varios años, Google ha establecido políticas muy estrictas en cuanto a la forma en que se indexan los sitios que son enviados para el análisis antes de ingresar a su índice. La mayoría de las técnicas utilizadas por los especialistas SEO de la vieja escuela han sido desechadas y hoy son incluso penalizadas si se llegan a detectar. Google ha enfocado su algoritmo actual principalmente en los contenidos.

Lo que busca es entregar los mejores resultados a sus usuarios, porque necesita mantener la credibilidad dentro de la comunidad Internet. No por nada se encuentra donde hoy está. Para ello ha establecido que lo que le gusta a los usuarios (visitas), es lo que le gusta a Google.

Claro que no es tan fácil para un sistema compuesto por bits que corren raudos entre su millón de servidores identificar qué es lo que realmente gusta al ser humano, y por ello están modificando permanentemente el algoritmo que es la base de su motor de indexación. Han aprendido a identificar las preferencias de los usuarios de acuerdo a sus hábitos, tasas de conversión y tasas de abandono. Para ello hacen interactuar estadísticas de diferentes servicios, como los ingresos y abandonos en páginas que tienen enlaces a Google Plus (su red social) o a Google Analitycs, que guarda estadísticas precisas del comportamiento de las visitas de cada página enlazada.

Si nuestro sitio no presenta un contenido de calidad y provoca una gran tasa de abandono, estas útiles herramientas podrían convertirse en nuestras enemigas. Pero la solución no se encuentra en eliminarlas, sino en aprovecharlas.

Google entiende que el usuario visitante está buscando información de calidad cada vez que se realiza una consulta en su motor, y espera poder entregar la información más relevante respecto de dicha consulta. Por ello es que el contenido adquiere cada vez mayor importancia a la hora de someter nuestro sitio a la evaluación de Google, y por lo tanto en SEO los contenidos son hoy el factor de mayor peso para lograr el mejor posicionamiento.

Es un hecho que no existe ninguna aplicación, App o sitio Web que nos pueda entregar todas las herramientas que necesitamos para establecer una estrategia de contenidos apta para el SEO. Un gran porcentaje de lo que debemos hacer nace de nuestra propia iniciativa, experiencia, aprendizaje y realidad. Sin embargo hay un conjunto de acciones que podemos establecer dentro de nuestra estrategia para conseguir resultados óptimos a la hora de posicionar nuestros sitios Web. Una de las primeras, es hacernos periódicamente las siguientes preguntas en conjunto con las personas con quienes trabajamos:

• ¿Soy sincero cuando afirmo junto a mi equipo que entiendo el SEO?

• ¿Tengo el tiempo suficiente para aprender nuevas técnicas SEO y colocarlas en acción, sobre todo con el Marketing de Contenidos?

• ¿Utilizamos las herramientas y recursos correctos relacionados con el SEO y el Marketing de Contenidos?

• ¿De qué forma se relacionan los objetivos de nuestro negocio con el SEO y el Marketing de Contenidos?

• ¿Cómo podemos medir de forma lo más precisa posible, nuestro ROI?

Es bastante difícil que puedas dar todas las respuestas si no consigues aún contestar de forma afirmativa la primera:

¿Entendemos el SEO?

Los especialistas en Marketing adoran el SEO, pues representa una forma de atraer tráfico al sitio Web sin necesidad de pagar por este, por lo menos no de la forma en que se paga por anuncios publicitarios. La mayoría de los gastos generados por el SEO dependen directamente del recurso humano utilizado, salarios y honorarios para redactores externos y consultores.

El tráfico hacia el sitio Web es crítico para los encargados del Marketing B2B, 63% de ellos indica que es una métrica a la que se acude más que a cualquier otra evaluación *(datos estadísticos de CMI*)*. El 39% de los especialistas también citan los rankings SEO como una métrica clave. Así mismo, un 62% monitorea el tráfico hacia el sitio Web.

- **CMI**: B2B Content Marketing 2015: Benchmarks, Budgets, and Trends – North America (http://contentmarketinginstitute.com/2014/10/2015-b2b-content-marketing-research/)

Métricas para el Éxito del Marketing de Contenidos B2B

Métrica	Porcentaje
Tráfico del Sitio Web	63%
Calidad de las visitas	49%
Alta Conversión	48%
Ventas	43%
Cantidad de Ventas	40%
Ranking SEO	39%
Tiempo Invertido en Web	39%
Enlaces Inbound	35%
Feedback de Clientes	33%
Subscriptores	30%

2015 B2B Content Marketing Trends—North America: Content Marketing Institute/MarketingProfs

Si el tráfico hacia el sitio Web es un tema que te parece realmente importante, las siguientes herramientas para el SEO y principios del Marketing de Contenidos te ayudarán a tomar mejores decisiones para utilizar de forma eficiente tus recursos y obtener mejores resultados.

¿Qué aporta tu Sitio Web?

Puedes trabajar duramente en el diseño de una estrategia de palabras clave, sin duda alguna la elección de las palabras y frases clave correctas son las que marcarán la diferencia en los resultados.

Algunos ejecutivos de negocios con los que hemos interactuado piensan que se trata simplemente de seleccionar las palabras clave que mejor se ajustan a lo que hacen, y las que más les gustan a modo personal. No pueden estar más equivocados, las palabras clave deben ser seleccionadas en base a las fortalezas y debilidades del sitio Web, incluyendo cómo estas coinciden con la relevancia de la palabra clave y los intentos de búsqueda:

- Contenido existente
- Contenido planificado
- Edad del Sitio Web
- Nombre de Dominio (Ayuda a incluir una palabra clave)
- Estructura del Sitio (cómo pueden indexar los motores)
- URL de las páginas (Uso de guiones para separar palabras)
- Links de entrada (*Inbound*)
- Capacidad para añadir títulos de página compatibles con SEO
- Meta Description (muy útil si incluye llamados a la acción)
- Monto de tráfico para palabras clave competitivas

48

- Relevancia de palabras clave utilizadas para llegar hasta tu sitio
- Ranking actual (la habilidad de tu sitio para posicionarse bien con ciertas palabras afectarán tu estrategia SEO)
- Velocidad de acceso al servidor de tu sitio (afecta enormemente el SEO)
- Diseño y Navegabilidad de tu sitio
- Llamados a la Acción (para generar tráfico orgánico y de otros tipos hacia tu sitio)

Construyendo lentamente la robustez de tus palabras clave

¿Deberías construir una frase clave (palabras clave) que recibe 10.000 búsquedas, o una para 2.000 consultas?

Muchas veces es mejor construir palabras clave que son menos utilizadas por los usuarios en los buscadores, y podría ser una excelente estrategia focalizarse en aquellas palabras clave que se utilizan 2.000 veces, y no 10.000. Quizá incluso te puedan convenir algunas palabras que apenas tengan 200 o 300 consultas.

Es muy probable que saques la conclusión de que utilizar una palabra clave de bajo rendimiento en los buscadores, podría generar también un muy bajo tráfico hacia tu sitio Web. Pero recuerda: tú no estás utilizando solamente esa palabra clave de destino dentro de tu contenido.

Incluso si te focalizas en algo como "Soluciones en Software", la sola presencia de esa frase y otras palabras relacionadas dentro del contenido, generará automáticamente múltiples combinaciones de palabras clave útiles para tu labor SEO, incluyendo sinónimos y variantes relacionadas.

Es simple, no tiene sentido insistir con una palabra clave que ha sido buscada 5.000 veces siendo que no has logrado posicionarla siquiera en el ranking 199 para hoy. ¿Podrías llevarlo a cabo? Por supuesto que sí. Pero para conseguir un buen resultado esto requiere de varias piezas de contenido relacionado y no solamente el que se encuentra en un artículo.

Para ver el rendimiento de las palabras clave, utiliza herramientas como las siguientes:

Herramientas para ver Rendimiento de Palabras Clave:
- **Planificador de Palabras Clave de Google Adwords:** https://adwords.google.com/KeywordPlanner
- **Keyword Discovery:** http://www.keyworddiscovery.com/
- **Word Tracker:** http://www.wordtracker.com/
- **Übersuggest:** http://ubersuggest.org/
- **Secockpit:** http://secockpit.com/

El siguiente ejemplo del *Planificador de Palabras Clave de Google Adwords* te ofrece un indicio de cómo son utilizadas algunas palabras clave relacionadas con las que quieres utilizar (*"Soluciones en Software"*) y qué tan útiles pueden resultar para tu estrategia SEO (y finalmente para tu negocio):

Palabra clave (por relevancia)	Promedio de búsquedas mensuales [?]	Competencia [?]
software erp	4.400	Alta
erp	550.000	Media
empresas de tecnologia	1.600	Media
software como servicio	390	Baja
empresas de software	1.300	Alta
software de sistema	14.800	Baja
servicios de software	70	Baja
programas administrativos	590	Media
servicio software	40	Baja
programas de gestion	590	Alta
programas para empresas	480	Alta

Paga a un Escritor

No importa qué tanto confíes en el talento que tienen las personas de tu equipo para redactar contenidos de calidad. En muchas ocasiones es bueno considerar la participación de profesionales o especialistas externos para redactar contenidos de buen nivel, que luego podrás utilizar en tus campañas de Email, presentaciones, en tus redes sociales, etc. Los buenos autores no sólo escriben bien, también aportan nuevas ideas y comparten y construyen guías de contenido.

Títulos para SEO

En el título de una página puedes escribir hasta 72 caracteres, incluyendo los espacios. No malgastes ese espacio colocando el nombre de tu compañía o negocio, o etiquetas de navegación como *"Quiénes Somos"*. En lugar de eso, aprovecha este excelente espacio **para colocar tu palabra (frase) clave.**

Puedes utilizar comas para separar algunas palabras clave, pero tanto Google como los usuarios (al ver el título en las redes sociales por ejemplo) verán con mejores ojos un texto con formato de título de noticias, es decir en una sola frase sin comas. También es posible entregarle un enfoque mixto que funciona bastante bien, utilizando dos puntos para separar dos conceptos que incluyan palabras clave diferentes, pero cercanas entre sí.

Estas son algunas sugerencias que describen la idea, destacando la palabra principal con negrita:

- **Accesorios de baño** para tu hogar (la presencia de la palabra "hogar" puede ayudar a generar un alto ranking para otras palabras clave del contenido en esa página).

- **Pantalones para hombres: ropa de hombres**, camisas

- **Productos de coctel: canapé a domicilio**, petit bouche

Escritura Extensa

Muchos generadores de contenido evitan redactar artículos muy extensos para no tener una tasa demasiado alta de abandono de la página debido a lo largo del texto. O, a veces tienen miedo de que el contenido pueda educar a la audiencia entregándole demasiada información, que podría provocar que el visitante no les contacte posteriormente y abandone el sitio sintiéndose satisfecho con la información obtenida. Sin embargo en muchas ocasiones un contenido extenso se complementa a la perfección con el diseño. **Si tu contenido es demasiado corto, los motores de búsqueda podrían no sentirse a gusto con esa página cuando la indexan**.

Basado en las necesidades de tu negocio en lo relacionado con el SEO, te puedes enfocar en varias opciones de formato de escritura para tus contenidos:

o   Contenidos cortos, lo que más acomoda al escritor.

o Contenidos extensos incluyendo dentro del texto subtítulos, menciones a tus productos, características, videos, imágenes y gráficos.

Años atrás, los especialistas consensuaron que los artículos debían tener un mínimo de 250 palabras y un máximo de 500 para ser bien considerados por los motores de búsqueda. Luego, quienes han seguido investigando el comportamiento de los motores de búsqueda frente a las páginas de contenidos, han descubierto que lo óptimo es que **cada uno de estos contenga por lo menos 1000 palabras para que el SEO de esa página trabaje de la mejor forma**, y de acuerdo a mi experiencia personal con diversos sitios, es lo que recomiendo.

Haz trabajar tu palabra clave en los títulos de las páginas, la URL, el título del artículo y sus subtítulos, y en el propio contenido. Encuentra a lo largo del texto de tu artículo <u>todas las oportunidades para incorporarla de forma natural</u>, sin sobrecargar el contenido.

Busca Inbound Links

Frustra escuchar una y otra vez que *todo lo que tienes que hacer es escribir contenidos de calidad para que tu SEO funcione y atraiga a miles de visitantes a tu sitio.* Antes, **tu contenido debe ser encontrado para que pueda ser leído y compartido.**

Es probable que sólo unas pocas personas puedan leer tu contenido, publicado originalmente en la página Web o en tu Blog, si no estás usando palabras clave adecuadas para la fuerza que entrega la autoridad que posee tu sitio. Tú, puedes ayudar a tu sitio para que estos contenidos sean encontrados de forma más fácil y rápida, mejorando el posicionamiento en los buscadores por medio de enlaces de entrada desde otros sitios con autoridad.

A continuación te presento algunas ideas que te pueden resultar inspiradoras a la hora de animar a los administradores de otros sitios y blogs a que compartan tus contenidos colocando un link hacia el tuyo, lo que resulta muy útil en términos SEO pues **le otorgará mayor autoridad a tus páginas frente a Google y otros buscadores.**

I.   Promocionar tus contenidos en otros sitios, campañas de E-Mail, Redes Sociales, anuncios y redes de contactos de tu industria.

II.   Escribir para otras publicaciones Online, siempre recordando colocar enlaces hacia tus contenidos.

III. Registrarse en los directorios Online de tu industria.

IV. Solicitar directamente a los administradores de Blogs, Listas de Correo y revistas que enlacen hacia tus contenidos.

V. Revisar permanentemente los sitios de tu competencia para analizar qué sitios los están enlazando desde fuera. Esto lo puedes hacer con la herramienta que te proporcioné antes: *MOZ Open Site Explorer*. Una vez tengas identificado quiénes les proporcionan enlaces, investiga cómo puede tu contenido obtener links desde esos mismos sitios.

VI. **Convencer a los influenciadores** para que enlacen sus contenidos hacia los tuyos.

Este último punto es probablemente el que presente mayores dificultades, pero lo vamos a tratar más adelante para que tengas algunas estrategias muy útiles a la hora de contactarlos para que te consideren en sus próximas publicaciones.

La Forma Correcta de Medir el SEO

Algunas personas aún observan el resultado del posicionamiento de sus sitios en los rankings de los buscadores para definir parte del ROI. Yo reviso siempre las posiciones en estos resultados en busca de otros datos, pero no considero que esta sea una forma eficiente y real para conocer el retorno de mi inversión.

Las siguientes son algunas sugerencias para aprender a medir la efectividad de tu trabajo SEO una vez que ya has establecido tus objetivos de visibilidad en los motores de búsqueda, visitantes, páginas vistas y demás objetivos.

- Crea tu propia guía para llevar un registro de las técnicas que te han dado buenos dividendos en tus tareas SEO, registrando cada paso mes a mes. Si hilas más fino, puedes incluso conseguir establecer cuántos pasos has debido realizar para conducir a un visitante hasta la venta. Por ejemplo, si te toma 20 pasos en promedio realizar una venta total de U$ 10.000, significará que cada paso tiene un rendimiento de U$ 500 para ti.

- Utiliza herramientas de automatización de Marketing como HubSpot, Marketo, Act-On software, y Infusionsoft que te ayudarán a administrar los detalles de contactos email nuevos y existentes (incluyendo si estos nuevos contactos provienen de búsquedas orgánicas).

- Utiliza **SIEMPRE** Google Analytics para llevar un registro detallado de la respuesta a tus formularios, e-commerce, encuestas y más.

- Si dentro de tu estrategia no estás recolectando e-mails (mala idea), y sólo entregas contenido, coloca alguna pieza clave de tu temática en formato PDF para descargar y monitorea sus descargas por medio de cualquier aplicación de estadísticas, como la que probablemente proporciona el panel de control de tu servicio de hosting (usualmente AWStats u otros).

Cómo Influenciar a un Influenciador

Todos los días, la levantarme por la mañana, enciendo mi computadora y chequeo el mail, reviso las noticias y mis redes sociales. Luego me concentro en mi lista de tareas-por-hacer:

- Escribir contenido

- Crear videos

- Crear audios podcast

- Conectarme con mi grupo de trabajo

- Actualizar algunos contenidos en Facebook y Twitter

- Trabajar en un nuevo sitio Web

- Afinar el desarrollo de la aplicación pendiente

Y todo esto no debe afectar el tiempo que le dedico a mi labor como creador de contenidos, que es a tiempo completo.

Recibo cientos de mensajes por e-mail al día, y muchos de ellos se refieren a las tecnologías y otros relacionados que sí son de mi interés. Por supuesto intento leerlos todos, pero el tiempo realmente no alcanza y muchas veces debo darles un vistazo superfluo, para detenerme sólo en aquellos que me ofrecen algo que realmente me llame la atención.

Así es mi día laboral como un profesional comprometido con este mundo tecnológico. Cada minuto que utilizo haciendo una de estas tareas, es un minuto que no puedo usar haciendo otras. Y mi dilema es el mismo dilema que tienen todos los influenciadores, grandes o pequeños: **El tiempo es un bien escaso.**

Cuando las personas que generan contenidos de marketing me piden hablar sobre un producto, realizar alguna revisión, o republicar alguna nota de prensa, lo que ellos me están solicitando es que deje de lado otras tareas para las que el tiempo no me sobra, y los atienda su solicitud. Algunas veces tengo el tiempo necesario para hacerlo, otras no. Sin embargo influye mucho el enfoque desde el que se me plantea la solicitud para hacerme el ánimo de atender esa solicitud dejando otras cosas de lado.

Trabajar con personas influyentes es gratificante. Los influenciadores, como bloggers, estrellas del Social Media, Youtubers e incluso con el presidente del club local de vecinos, deben trabajar bastante arduo para cultivar confianza dentro de su círculo de influencias. Cuando una persona influyente promociona un producto o servicio, las personas dentro de su círculo responden positivamente. A veces por medio de una acción inmediata, otras simplemente mediante una asociación mental positiva con la marca que redunda, en el mediano plazo, en ventas.

Sin embargo, para aprovechar este efecto dominó, antes debes contar con la suficiente influencia en tu comunidad. Existen formas acertadas y otras equivocadas para conseguir posicionarse como influenciador.

1)   Haz tu propia investigación.

Recuerda siempre que el tiempo es un bien escaso. Yo leo todos los e-mails que entran a mi correo, pero sólo respondo algunos. Son esos que demuestran que el remitente entiende de lo que yo hablo y/o ya está familiarizado con los contenidos que redacto. De hecho, si me escribes pidiendo que realice una revisión acerca de una nueva marca de heladeras (algo muy alejado de mi industria e intereses, salvo en verano), es muy probable que no me haga el tiempo ni para responder pero, casi sin dudas no se me olvidará tu nombre y estaré bastante escéptico cuando reciba otro mail tuyo en el futuro. No se trata de rechazar sin motivo algo que me pudiera parecer fuera de contexto o que no tiene que ver conmigo, sino porque cualquier acción que lleve a cabo significará perder tiempo que necesito para el resto de mis tareas.

Tómate cinco minutos para ir al sitio Web de la persona influyente que te interesa antes de escribirle, revisa su sección "Nosotros" o "Quién Soy" y revisa si tiene alguna sección para recibir contenidos. Muchos han implementado esto para evitar perder tiempo, pues ahí especifican qué tipo de contenidos sí estarían dispuestos a difundir. Respeta el tiempo de los demás, sigue las instrucciones, y realiza el acercamiento de forma que quede claro que tú entiendes la misión y la audiencia de esa persona influyente que quieres utilizar para que te ayude a promover tus propios contenidos.

2) **Entender la Reciprocidad de Confianzas y Construir Relaciones**

Cuando tengo cerca una oportunidad de marketing por influencias, siempre busco evidencias para comprobar que el potencial socio entiende el valor de mi tiempo. Por ejemplo, imagino que tú nunca pretenderás construir una relación de negocios caminando directo hacia el presidente de una multinacional pidiéndole que te invite a almorzar, pagar tu plato, utilizar dos horas de su tiempo hablando contigo y, a cambio, tú le ofreces tomarse una selfie contigo ¿no? Si lo habías contemplado dentro de tus planes, es probable que el resto del contenido de este libro no te sea de mucha utilidad...

Lo anterior sólo podría ser una caricatura ridícula y exagerada de **lo que no puedes hacer.**

En la vida real tú le pedirás a alguien que te presente a esta persona, y serías tú quien invite al presidente a almorzar, pagando tú por la langosta que pedirá, con la esperanza de que te escuche y ponga atención a la propuesta que le llevas. Esto porque entiendes que el tiempo de ese ejecutivo tiene un altísimo valor y él espera que si lo vas a utilizar, sea para algo que compense en términos de valor ese tiempo en que estará fuera de sus labores habituales. La construcción de relaciones en línea, no tiene por qué ser diferente.

Cuando te acercas a una persona influyente, no importa qué tan grande o pequeño pueda ser su círculo de influencia. Debes comprender que en algunos niveles, te estás dirigiendo a personas cuyo tiempo es escaso. Muchas veces recibo emails con mensajes como *"He desarrollado este nuevo producto que represento, y pienso que tu audiencia podría llegar a adorarlo ¿Podrías darle algo de cobertura? ¡Te puedo ofrecer una imagen de alta resolución!"* Entonces, inmediatamente pienso algo como *"¿Cómo podría una imagen en alta resolución pagarme las dos horas que me costará escribir algo de forma tal que mi audiencia lo considere interesante? ¿Y qué es lo que debo dejar de hacer (tiempo para otros proyectos o dinero) para crear ese contenido?".*

Esta es la cuestión: Yo efectivamente escribo revisiones para productos y servicios. También aporto con contenidos que enlazan a los de otras personas y la mayoría de las veces lo hago sin recibir pagos como retribución. Lo hago cuando considero que lo que estoy haciendo realmente creará valor para mi audiencia, algo que apoyo con fuerza, o porque el producto o servicio me ha llamado tanto la atención que siento el deber de compartirlo. También lo hago cuando es un amigo quien me lo pide, alguien que se ha tomado el tiempo de construir una relación conmigo y que sé que conoce el valor de mi tiempo y esfuerzo.

De lo contrario, es muy probable que no tenga tiempo para responderte o si lo hago, sea copiando y pegando una respuesta standard que envío en estos casos: *"Lo que me pides no encaja con mi línea editorial ni con mi audiencia. Probablemente prefieras colocar un anuncio en mi sitio, esta es la información para que conozcas nuestras tarifas y condiciones de publicación y campañas..."*.

Cuando realices el acercamiento a una persona influyente, analiza lo que estás solicitando y deja muy en claro que estás ofreciendo un beneficio a cambio de su tiempo. El beneficio mutuo significa que lo que le ofreces tiene mucho que ver con la industria que cubre el influenciador, el valor del producto o servicio, y finalmente qué estás dispuesto a entregarle a cambio. Como consejo, ofrecer una imagen en alta resolución o un par de calcetines de diez dólares a cambio de una revisión y generación de contenidos que tomará dos o más horas, no se ajusta a lo que yo al menos considero como un "beneficio mutuo".

3) **Acércate y Construye la Relación**

Soy una persona real y todos quienes tenemos algo (o mucha) influencia en las diferentes industrias también lo son. Por mi industria, yo desarrollo relaciones online y reconozco los nombres de las personas que me contactan de forma frecuente al mail o por las redes sociales. No dudes en realizar preguntas o hacerme saber qué está sucediendo en tu entorno: Si estamos pisando un terreno común, estarás estableciendo una conexión y poco a poco construyendo una relación.

Tiempo atrás una chica de Paraguay que recién se adentraba en los temas del Marketing en las Redes Sociales participó en uno de mis seminarios Online acerca de este tópico. Me llamó la atención desde el principio su marcado interés por lo que nos convocaba y una metralleta de preguntas inteligentes. Luego seguimos conversando por E-Mail y chat cada vez que había oportunidad. Su simpatía consiguió finalmente que trabáramos una relación de amistad que conservamos hasta el día de hoy, cuando he observado que ya me aventaja en muchos temas en los que yo no he profundizado más desde entonces y se ha convertido en una gran profesional de la industria, convirtiéndose ella misma una gran influenciadora. Nunca me ha pedido que la ayude con mi influencia, pero no tendría ninguna duda en hacerlo si me lo solicitara, en cualquier momento (siempre y cuando se encuadre con lo que espera mi propia audiencia, por supuesto).

Este es un ejemplo extremo, sin duda. No todas las relaciones Online se vuelven tan cercanas. Sin embargo hubo un principio que es muy efectivo en la construcción de cualquier relación profesional (y también personal): al mostrar real interés en el tema y efectuar las preguntas adecuadas, puedes desarrollar una relación de beneficio mutuo que podría durar años.

4) **Realiza Seguimiento**

¿Recuerdas que siempre insisto acerca del valor y escases de mi tiempo? Bueno, permíteme comentarte que muchas veces he recibido mails que llaman mi atención y pienso "Que interesante!" Luego pienso en mi agenda y digo "no, por ahora no me es posible atender esto".

Eso no significa que no podría atenderlo en dos o tres semanas más. Si no he respondido al primer mensaje y tú estás seguro que lo que me propones será de mi interés y también para mi audiencia, no sientas miedo de escribirme nuevamente preguntando si tuve tiempo de ver tu propuesta.

Hablo "de mí" solamente para facilitar las cosas en términos de lenguaje, no me refiero a mí como un gran influenciador, sino que hablo de cualquier influenciador.

Es probable que te preocupe por qué no respondí al primer e-mail. Buena pregunta. A veces puede ser porque me sienta sobrepasado en tareas por-hacer como para iniciar una cadena de conversación por e-mail. Otras veces porque pueda pensar que no esté convencido que se trate de una buena propuesta de beneficio mutuo y no quiero crear en ti falsas expectativas respecto de algo que finalmente no voy a hacer, y muchas veces porque simplemente lo olvidé (lo siento, pero pasa cuando el tiempo es un recurso escaso).

5) **Piensa Creativamente y abre tu mente a nuevas ideas**
Las personas más conocidas y con mayor influencia ganan más que el promedio de la gente porque... bueno, porque son influyentes. Las personas influyentes no hacen las cosas de la misma forma que todos los demás. Ellos crean tendencia, hacen las cosas de forma diferente al resto, y por eso el resto los sigue.

Si quieres obtener mi atención *(recuerda que hablo representando a cualquier influyente, no me refiero a mí)*, entonces acércate con una visión, una idea diferente: Sugiere una nueva clase de sociedad, o una forma entretenida y diferente de colaboración para un contenido multiautor, en lugar de escribir *"Represento a XYZ y quisiera enviarte una muestra del producto ZYX para que escribas una revisión"* o *"Nos encantaría que fueses un embajador de nuestra marca ¿puedes escribir acerca de nosotros dos veces al mes y a cambio te enviamos un código de descuento para que ofrezcas a tu audiencia?",* puedes realizar el acercamiento con un mensaje como *"Nuestra compañía acaba de lanzar un nuevo cereal con cero calorías al mercado. Nos gustaría realizar una campaña por Instagram con un concurso, para regalar algunas cajas de cereal y otros premios mayores a tu audiencia ¿podrías considerarlo?"* (claro, si yo fuera influyente en la industria de la alimentación, la vida sana o los deportes). Un influenciador que recibe decenas de solicitudes similares de forma regular, se sentirá siempre más a gusto respondiendo a algo que plantea una forma novedosa de promoción por medio de nuevas ideas, o aquello en lo que pueda tener participación en el futuro.

Algunas veces, si estás promoviendo alguna marca, servicio, producto o individuo que realmente me agradan o llaman la atención positivamente, pero su objetivo no se encuadra con la temática que nos une a mí con mi audiencia, lo más probable es que te responda que lo plantees de otra forma, con una idea diferente y original. Si tú muestras ser receptivo con mi sugerencia, o que tienes el ingenio suficiente para crear ideas innovadoras, casi con seguridad podría estar dispuesto a trabajar junto a ti. Ahora y en el futuro.

6) **No es Barato**

Yo entiendo que probablemente no cuentes con un gran presupuesto para invertir en el Marketing de Influencias. No puedo saber cuánto respaldo tiene cada idea que se me plantea. Pero lo que sí sé es que mientras a mí me gusta atender a mi audiencia, también me gusta atender mis compromisos diarios. La comida cuesta dinero, así como movilizarme, reparar el automóvil, la conexión a Internet, el teléfono móvil... mi negocio me cuesta dinero. Cada minuto de mi tiempo cuesta dinero, así como cada minuto de tu propio dinero también cuesta dinero. Para poder servir adecuadamente a mi audiencia, yo primero tengo que asegurarme de cubrir mis necesidades inmediatas y construir una base sólida para el futuro.

Si te pregunto por el presupuesto con que cuentas, o si te digo que sólo puedo invertir el tiempo necesario para lo que pides a cambio de un pago, te puedo asegurar que no es porque el influenciador sea un tipo que sólo vela por su bolsillo intentando sacar el máximo provecho posible de su labor.

Cuando he planteado esta interrogante, a veces he recibido respuestas como "No está dentro de nuestra política pagar por obtener revisiones". Mi pregunta entonces cambia: ¿Esa es la respuesta que te entrega tu jefe a final de mes cuando le pides tu paga?

Lo más seguro es que tu esperes un pago a cambio de tu trabajo, y probablemente entiendes que tu política de no pagar por obtener publicidad en público y segmentos objetivos, no es coincidente con la mía de comer a diario y pagar la cuota de mi casa cada mes.

Sin embargo, no deberías entrar en pánico antes de entrar en contacto con las personas influyentes de tu industria. En los puntos anteriores ya te expliqué la forma de obtener su apoyo sin pagar directamente por ello. Y por otro lado, si me explicas con motivos razonables por qué no puedes pagar, pero sí proporcionar algo que resultará para beneficio mutuo, es muy probable que puedas llegar a buen puerto con el influenciador.

Nuevamente te aclaro que no soy yo ese personaje en primera persona del que te hablo, pero es muy probable que te topes con muchas respuestas así cuando intentes contactar de forma errada a cualquier persona con círculos de influencia dentro de tu industria.

Quienes se dedican al Marketing de Contenidos y los influenciadores, viven en un permanente estado de simbiosis: Ambos nos beneficiamos trabajando juntos. Como influenciador quiero encontrar compañías, marcas, productos y personas que me puedan brindar material de gran interés para traspasar a mi audiencia. Sin embargo sólo me gusta trabajar con los generadores de contenido con quienes me llevo bien, aquellos a quienes respeto (y puedo respetar cuando los conozco), que son precisamente los que entienden que el tiempo es un recurso escaso. Si esos son tus principios, te aseguro que serás bien recibido por cualquier influenciador.

Frescura de las Páginas

El último algoritmo de Google ha mostrado interesantes situaciones en cuanto al SEO frente a la frescura de los contenidos. Los dominios con autoridad alta que mantenían páginas en las primeras posiciones de los resultados de búsqueda, han ido cediendo su lugar a otros contenidos más frescos generados por la competencia, incluso con dominios de menor autoridad.

Google le está otorgando probablemente la mayor importancia a la frescura de los contenidos, que representen textos actualizados y cada vez menos a otros factores como la autoridad de dominio. Esto se puede observar con contenidos de dominios de alta autoridad que consiguen las primeras posiciones y a los dos o tres meses comienzan a bajar siendo reemplazados por otros contenidos nuevos de otros sitios que aparentemente tienen menor relevancia.

Esta es sin duda, una ventaja para quienes se toman en serio el SEO y están constantemente aplicando técnicas y estrategias para mantener sus sitios en la cúspide de los resultados de búsqueda, dado que el factor frescura es una oportunidad para adelantarse a la competencia, por muy bien posicionada que se encuentre en un momento determinado.

Existen dos alternativas para utilizar este factor a favor de nuestros sitios. La primera es la que uso con los contenidos que me interesa mantener vigentes:

Actualizar Contenidos

Una excelente técnica que ha dado muy buenos resultados es tomar contenidos "añejos" y agregarles nueva información actualizada en un 40% o más de texto, imágenes, videos. También es necesario cambiar la fecha en los meta tags, así como en el propio contenido si esta estuviese presente. Para forzar el refresco en las bases de datos de Google, te recomiendo cambiar también el título del post y los títulos internos del contenido (H1, H2, H3, H4). Si alguna vez ese contenido estuvo bien posicionado, regresará a su lugar de privilegio. Mientras, si no tuvo buenos resultados en el SEO anteriormente, habrá que estudiar muy bien las palabras clave a introducir para que obtenga buenos resultados. Google siempre verá esto como una "técnica blanca" mientras el contenido tenga buena calidad.

Otra alternativa, respecto de la fecha, es simplemente quitarla. Creo más en la alternativa del cambio de fecha.

Quitar la fecha automáticamente en WordPress

Somos muchos quienes utilizamos WordPress como motor de blog para nuestros sitios, y esta plataforma tiene un Plugin disponible que se encarga de quitar la fecha de los post de forma automática luego del periodo de tiempo que tú mismo determines en su configuración. El Plugin se llama **WP Old Post Date Remover** y lo puedes encontrar disponible desde tu propio Dashboard en Wordpress, o descargarlo desde la siguiente URL:

https://wordpress.org/plugins/wp-old-post-date-remover/

Una vez dentro de la configuración podrás seleccionar si quieres que la fecha de los post se eliminen luego de 30 a 90 días de publicado el contenido. El único inconveniente que tiene es que esto no actualizará el contenido, pero esto puede no ser tan malo como se ve, como te explicaré en el siguiente capítulo.

En cualquier caso, esta técnica de actualizar los contenidos modificando o eliminando sus fechas sí funciona frente a Google y personalmente la considero la mejor forma de mantener nuestras páginas ubicadas en las primeras posiciones SERP*.

*SERP: *Search Engine Results Pages (Páginas de Resultados en Motores de Búsqueda)*

Cómo llevar nuestra página a los primeros resultados SERP en 24 horas

Como te explicaba en el capítulo anterior, el uso de la técnica de actualización de contenidos y fechas en las páginas que comienzan a bajar en sus posiciones es ampliamente adoptado por muchos de quienes se encuentran inmersos en el mundo del SEO. Se trata de una técnica que si bien da resultados, estos no son eternos porque luego de la primera vez que aplicas esta estrategia, la página ya tendrá un 40% más de contenido y ¿tres meses después? ¿Deberías volver a añadirle otro 40% más de contenido fresco, y así consecutivamente? Se convertiría en un post eterno al que además debes modificar permanentemente su fecha, que nadie leería al darse cuenta que más que un contenido de fácil digestión, se ha convertido más bien en un libro.

También existe otro inconveniente. Existe cierto tipo de contenidos que no tiene sentido actualizar. Por ejemplo, la *receta para preparar pan con ajo* ¿Qué tipo de contenido se podría modificar? Publicaste la receta, y tres meses después comienza a bajar en posiciones porque apareció otra página que ofrece su receta para el pan con ajo, que puede ser incluso tu misma receta escrita por otro con otras palabras. Podrías pensar que Google no ha pensado mucho en este caso, existen ciertos contenidos que no por su antigüedad dejan de ser los originales y no merecen modificación para mantener su importancia.

Google se ha centrado mucho en la frescura de los contenidos, a veces pasando por alto la calidad de los mismos y siempre dejando de lado la originalidad, que en el caso de estas recetas, o del manual de procedimientos del equipo X, continuarán siendo los más relevantes para los usuarios. Esto podría ser un gran inconveniente en términos SEO para muchos que no conozcan en profundidad cómo funciona actualmente el algoritmo del buscador.

El encargado de todo esto es el update 2011 de Google a su algoritmo, denominado **Freshness**.

De acuerdo a Google, la determinación de qué tan relevante es el "Freshness" (llamémosle frescura) de una página, depende de varios factores. Existen varios tipos de contenido. Mientras algunas búsquedas requieren de contenido fresco y actualizado, otras necesitan obtener resultados precisos con la mayor relevancia posible, sin importar su fecha de publicación.

Por ejemplo, una búsqueda por "opiniones del iPhone 6" requiere el contenido más fresco posible, mientras nuestra "receta para pan con ajo" necesita la más relevante y esta podría ser una entrada antigua. Google entiende esto y ha colocado en nuestras manos algunas herramientas para poder indicarle a su indexador qué tipo de contenido es el nuestro. Es en estas herramientas en las que tenemos que centrarnos cuando queremos mantener nuestros contenidos en las primeras posiciones, o cuando queremos llevar nuevos (o antiguos) contenidos a esas ubicaciones de privilegio: la primera página de resultados.

La técnica que me ha dado excelentes resultados para esto es la de quitar definitivamente la fecha de las páginas. Aunque podría pensarse que esta es una forma de engañar al buscador, se trata de una estrategia que hace que un contenido de calidad se anteponga a su frescura. Al quitar la fecha al contenido, Google sólo evaluará la calidad del contenido, y si este es mejor que el de otros contenidos más frescos, lo posicionará mejor.

Observando la imagen de la página anterior, podrás ver que los dos primeros corresponden a "contenidos frescos", el primero del 2015 y el siguiente del 2014. En la tercera posición sin embargo, se presenta un resultado para una página que no muestra su fecha. Al ingresar a esa página, observamos que el contenido para esta receta es de gran calidad y corresponde a una publicación de un blog especializado en "How-To", con diversos temas. El texto es acompañado con diversas imágenes de apoyo y videos. Analizando en detalle la publicación, pudimos descubrir algo que Google no vio al indexarlo: esta publicación es del año 2009. Aun así la tiene en la tercera posición de los resultados.

Toda la técnica que han aplicado en este sitio es quitar la fecha de sus páginas, y el resultado que han obtenido para prácticamente todos sus contenidos es excelente.

Llevar tu sitio a las primeras posiciones SERP en muy pocas horas es posible. Lo primero es centrarse en la calidad del contenido que estás ofreciendo, siempre recuerda que Google valora muy bien el uso de imágenes y videos. Quita las fechas en los Meta-Tags y en cualquier referencia que pueda mostrar a Google su fecha de publicación original y convierte ese contenido en una página "Evergreen" frente a Google. Es decir, con estas acciones le estaremos indicando a Google que siempre tendrá relevancia sin importar cuánto tiempo haya pasado desde su publicación.

Esta sola acción debiera ayudarte a posicionar tu contenido en la primera página SERP, pero existe una forma de conseguir que esto se haga en pocas horas y no tener que esperar semanas o meses para apreciar el resultado:

Acelerando la Indexación de Google

Probablemente quieras que la aplicación de las técnicas anteriores se vean reflejadas lo más rápido posible en las SERP ¿verdad? Bueno, así me sucede a mí regularmente, la ansiedad es fuerte y necesito saber si lo he hecho bien o requiero efectuar más cambios. Para eso, el tiempo apremia.

Antes te expliqué acerca de la importancia de los Inbound Links, o enlaces entrantes para tus contenidos. Si consigues que estos sean generados desde sitios con autoridad en tu industria, habrás logrado que Google re-visite tu sitio en muy pocas horas, otorgándole de inmediato una posición de privilegio gracias al uso correcto de tus palabras clave, un contenido de calidad, y lo mantendrá en esa posición por mucho tiempo si le has quitado las fechas.

Conseguir los enlaces entrantes apropiados puede llevar bastante tiempo, pero una búsqueda adecuada en Google usando tus propias palabras clave, podría darte una idea de a qué sitios puedes acudir para solicitar un intercambio de enlaces, o a qué influenciadores de tu industria te puedes dirigir.

Basta con obtener un enlace entrante desde otro sitio con alta autoridad para que Google vaya directo a tu sitio a revisar "qué cosas nuevas estás ofreciendo". Este tipo de links son muy valorados por Google, que asume que si el sitio de 10 estrellas te consideró útil y valorable, Google debería hacer lo mismo. La verdad es que el resto (contenidos) ya depende exclusivamente de ti.

El LONG TAIL

Si llevas ya un tiempo trabajando con el SEO, este término te debe ser bastante familiar. La estrategia del Long Tail (o "Larga Cola" en español) es considerada por muchos como muy relevante para ellos y su trabajo SEO, aunque no alcanzan a comprender aún el por qué o cómo funciona.

Chris Anderson escribió en 2004 un artículo titulado *"The Long Tail"* y luego el libro éxito de ventas *"La Economía Long Tail"*, de ahí nace el nombre para esta técnica y principios que hoy son ampliamente utilizados por los especialistas SEO del mundo.

El principio básico que lo describe es la tendencia del mercado que, gracias a la tecnología, convierte al mercado de masas es un mercado de nichos. Esto es porque gracias a las tecnologías, la venta de un artículo en bajas cantidades les resulte rentable al productor y al intermediario, lo que antes no era posible.

Empresas que han aprovechado muy bien estas nuevas oportunidades de nicho son, por ejemplo, Amazon y una infinidad de tiendas Online de todos los sectores en cada país, y quizá las que mejor lo grafican son las de dispositivos electrónicos de China.

Los resultados de estos cambios han sido muy positivos para el consumidor final, que puede acceder a una amplia variedad de oferta con precios competitivos, pero supone también un gran reto para los productores que deben reorganizarse para poder atender un gran mercado de ventas minoritarias.

Si lo resumimos, se trata de un mercado enorme que suma una infinidad de nichos viables comercialmente, gracias a las nuevas tecnologías de la información.

En la "Larga Cola", la "cabeza" del mercado serían los productos de consumo masivo, y la cola los nichos específicos de bajo volumen, pero que uniéndolos suponen ventas de miles de millones de dólares anuales.

En el SEO, el Long Tail llegó para revolucionar la forma en que veíamos el uso de las palabras clave y de nuestros nichos de mercado. Representa muy bien cómo se componen los gustos e intereses de nuestra audiencia, y son los buscadores los que nos indican en detalle cuáles son estas preferencias ya que nos muestran a diario cuáles son las tendencias gracias a las búsquedas que realizan los propios usuarios, es decir: nuestro público objetivo.

Si consideramos a Google como una herramienta capaz de proporcionarnos un enorme estudio de mercado con resultados en tiempo real, entenderemos por qué el Long Tail es una estrategia de marketing y SEO que no fallará, a pesar de llevar ya más de una década aplicándose. Y es que Google no puede hacer nada contra los principios de esta técnica, porque se ajusta perfectamente a lo que ellos quieren cuando posicionan los sitios.

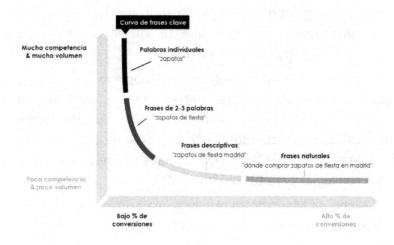

Esta imagen grafica bastante bien cómo trabaja el Long Tail en el SEO, aplicando palabras de búsqueda.

Esto lo ves cada vez que realizas una búsqueda en Google: comienzas a teclear una palabra (haz la prueba con "zapatos") y verás una serie de sugerencias que te propone Google:

Si continúas completan la palabra de búsqueda con las sugerencias, podrás observar que te vuelve a arrojar nuevas sugerencias, más largas, más concretas.

Esta función de autocompletar de Google lo que hace es leer lo que estás escribiendo y buscar en su base los términos similares o acotados que realiza la mayoría de la gente cuando escribe esa misma palabra, mostrándote a ti los resultados de las palabras más utilizadas. Esta información es lejos, la más invaluable que puedes conseguir para tus objetivos SEO.

El Nicho de Mercado se refiere a una porción de un segmento de mercado en que los individuos poseen características homogéneas, y estas últimas no se encuentran del todo cubiertas por la oferta general del mercado.

En nuestra labor SEO, podemos cuantificar la importancia del Long Tail realizando búsquedas en Google para nuestra palabra de ejemplo: zapatos.

1. **"zapatos"**: una búsqueda muy genérica y un segmento muy grande (165.000 búsquedas al mes), tan grande y genérica que tiene más sentido calificar esto como un **mercado**. Curiosamente la palabra genérica que representa un mercado aun mayor y que sería "calzado" tiene muchas menos búsquedas (12.100) lo que demuestra que el volumen de búsquedas no guarda una relación directa con lo genérico que sea el término.

2. **"zapatos de fiesta"**: vamos recorriendo el Long Tail hacia la derecha y ahora llegamos a un punto que sí encaja con la

definición anterior, ya es algo más concreto y parece que ya tiene más sentido hablar de un nicho, un segmento especializado del mercado, aunque en este caso se trata de un nicho muy grande (27.100 búsquedas) y, por tanto, en principio, muy atractivo. **En cualquier mercado hay muchos nichos que explorar**, en ese caso otro similar sería también *"zapatos de novia"* (22.200 búsquedas).

3. **"zapatos de fiesta Madrid"**: esto ya es un nicho muy definido, tanto que no sería descabellado hablar incluso de "micro nicho" (las fronteras en esto son un tanto difusas…). Con 320 búsquedas es un nicho más bien pequeño.

Como puedes observar, la información que te proporciona la función de Autocompletar de Google es muy valiosa para tu estrategia de palabras clave. En el Long Tail se refleja cómo las grandes marcas posicionan con la palabra general del mercado, pero también como pequeños negocios han conseguido posicionar palabras clave dirigidas a nichos específicos más pequeños y, de acuerdo a lo que tú estés ofreciendo, esto podría ajustarse a la perfección a tu estrategia SEO.

Después de todo, probablemente no tengas ni el tiempo ni los recursos para posicionar la palabra ZAPATOS y entrar en competencia con gigantes que dedican mucho dinero periódicamente para mantenerse en el tope de los resultados de búsqueda. En lugar de entrar a batallar con gigantes, es muy probable que posicionar una palabra clave como "zapatos de cuero hechos a mano" te rinda excelentes resultados, para el volumen de ventas que pretendes alcanzar.

De eso se trata el Long Tail, y por ello es tan importante manejar y administrar el concepto. En la medida que reconozcas que mercados ya son demasiado competitivos, pero puedas identificar los nichos específicos que se encuentran dentro de este mercado, te estarás abriendo las puertas a un segmento de consumidores que están buscando algo más preciso, como puede ser tu producto, o simplemente tus contenidos.

Algunos detractores del uso de esta técnica de búsqueda por nichos, alegan que utilizándola para nuestras palabras clave disminuye mucho el tráfico hacia nuestros contenidos, pero considerando que quien encuentra tu página con palabras clave específicas es un cliente potencial porque busca precisamente lo que tú ofreces, debes entender que esas visitas son potencialmente reales compradores. Por lo tanto, aumenta tu conversión.

Sitios Responsibles para Dispositivos Móviles

No es necesario decirte que Google ya ha comenzado a valorar fuertemente el hecho de que tu sitio sea "Responsible", es decir que sea correctamente visto desde los dispositivos móviles. Bien, de todas formas trataremos ese tema un poco más adelante con algunas ideas y herramientas que te ayudarán a dejarlo preparado para esto.

Pero eso no es todo en cuanto a los móviles. Considera que hoy más del 50% del tráfico proviene de dispositivos móviles y que la mayoría de estos usuarios se conectan desde sus redes de datos 3G, que como probablemente ya lo sabes, no se caracterizan por su alta velocidad. Dejar esperando a ese usuario durante 8 segundos para que se cargue tu página es un pecado capital en

SEO, y también para tu visitante que en la mayoría de los casos no tendrá la paciencia para esperar a que abra. O en el mejor de los casos, esperará hasta que abra, pero no navegará con los links internos que le proporciones.

Siempre recuerda que Google privilegia la experiencia del usuario en tu sitio, y son factores como este los que adquieren importancia a la hora de determinar en qué posición te ubicará en las SERP.

Para mejorar la velocidad de carga de tu sitio desde dispositivos móviles, te puedo hacer las siguientes sugerencias:

- Baja el peso de la imagen de tu logo, hazla tan liviana como puedas para que no entorpezca la carga de la página completa en un celular o Tablet. No es necesario hacerlo con el logo que se ve cuando cargas la página desde el ordenador, pero sí para la página que se muestra a los móviles.

- Cuando establezcas las reglas de lectura de tu sitio para el Robot de Google, no bloquees los css y JS, ambos deben estar a la vista de Google para que pueda comprobar que ninguno de estos elementos está bloqueando la visualización móvil.

- Establece imágenes livianas para la versión móvil de tu sitio.

- Ni pienses en tecnologías como FLASH de Adobe, el uso de estos elementos sólo contribuirá a llevar al suelo tu posicionamiento tanto en ordenadores como en móviles.

- Cuando selecciones la tipografía que vas a utilizar en tu diseño, piensa en tamaño 12px (por lo menos, para evitar que el visitante deba hacer zoom en el contenido).

- Si trabajas con un blog, escoge un tema profesional que te asegure ser 100% responsible.

- Elige solamente servicios de Web Hosting de buena calidad, con alta velocidad. Este factor es valorado altamente por Google para todas las versiones de tu sitio: mientras más lento para cargar sea el sitio, más bajo quedará posicionado.

- Por ningún motivo debes utilizar ventanas emergentes o Pop-Up.

- Utiliza diseños simples que simplifiquen la navegación del visitante.

Google Analytics, tu compañero en el SEO

Será fundamental que sepas qué medir y cómo hacerlo para desarrollar con éxito tu estrategia en Social Media, Marketing de Contenidos, SEO o Campañas SEM.

¿Cuál es mi público objetivo?, ¿a través de qué medios acceden a mi web?, ¿cómo se comportan en mi página? y ¿de qué manera cumplen los objetivos de mi estrategia online?

Éstas son las cuatro grandes preguntas que Google Analytics te va ayudar a responder con todo detalle.

A pesar de la cantidad de datos que Google Analytics representa en forma de métricas, esta no es una herramienta para matemáticos o programadores. Es una herramienta de negocio, para generadores de contenidos y, sin duda, es una de las herramientas imprescindibles para el Community Manager. Todos los valores que contienen los informes de Google Analytics debes utilizarlos para tomar las mejores decisiones para tus sitios Web y negocios.

Primeros pasos en Google Analytics

Si aún no la tienes, debes ir a crear una cuenta y configurarla para tu página web. Más adelante te explicaré cómo se utiliza la interfaz y comandos de Google Analytics para que sepas como moverte y navegar por él. Antes de comenzar en las **4 grandes áreas** de la herramienta, permíteme detallar qué quieren decir las métricas básicas que vas a ver luego en todos los informes.

Configurar y Activar Google Analytics

Al crear cada nueva cuenta, obtienes el código (ID) de seguimiento. Después de insertar este código en cada página de tu sitio web estaremos listos para comenzar.

Interfaz y Uso

Necesitas conocer todas las funciones básicas para bucear entre todos los datos. El cuadro de mandos es sencillo una vez que te acostumbres a cambiar las fechas, los tipos de gráficos y las distintas variables.

1. Rango de fechas:

El análisis de los diferentes valores con los que vamos a medir el rendimiento de nuestra web estará referido a un periodo. Por eso es fundamental ajustar el rango de fechas acotando el intervalo. El impacto de nuestras campañas, la evolución de tráfico o del cumplimiento de objetivos es fundamental circunscribirlos a un tiempo determinado.

2. Comparar fechas:

Dentro de la función rango de fechas, Google Analytics nos permite realizar comparaciones de resultados con periodos anteriores. Así puedes comparar los gráficos superpuestos de distintos meses o semanas.

3. Intervalo de tiempo de los informes:

Los gráficos de evolución de visitas podemos verlos por horas, días, semanas o meses. Esta función es realmente útil para los distintos tipos de seguimiento que pongamos en marcha. Si estás viendo los datos de todo un año, será interesante poner el intervalo por semanas o por meses, para comparar unos con otros. La vista por días es la que viene por defecto y la que te interesa si sólo estás mirando los datos de un mes.

4. Tipos de gráficos:

Los informes de Google Analytics poseen distintos recursos de representación gráfica para reflejar los valores de las tablas (barras, geomapas, etc.). Esto es muy útil si quieres ver por ejemplo la proporción en vez de los números totales. A la derecha y debajo de los gráficos puedes variar siempre lo que muestra.

5. Métricas frente a frente:

Es la parte contable de los valores que ofrece Google Analytics. Generalmente en los gráficos representa una sola métrica, pero puedes enfrentarla con otra y tener los dos gráficos superpuestos. Te servirá para estudiar la relación y correlación entre unos datos y otros.

6. Dimensiones primarias y secundarias:

A cada dimensión podremos asignarle una o varias métricas. Podemos distinguir entre dimensión principal y secundaria. Por ejemplo, si medimos las visitas que recibimos en nuestra web gracias a Google, podremos añadir la dimensión Ciudad para centrar nuestro análisis geográficamente.

Las Métricas y Datos Básicos de Analytics

En los informes verás muchos resultados que siempre van a ofrecer datos para las mismas métricas. Así puedes comparar unos con otros en los siguientes aspectos.

7. Visitas:

La principal medida que nos aporta la analítica web es la visita. Cada vez que una persona hace clic en nuestra página y navega por ella se genera una visita. Es la base de nuestro análisis. Es a partir de la visita de dónde iremos extrayendo toda la información imprescindible del rendimiento de nuestra estrategia 2.0. Queremos visitas, muchas visitas, pero de calidad.

8. Visitantes únicos:

Este concepto nos da la idea del número aproximado de personas diferentes que acceden a nuestra página. Un solo visitante interactúa con nuestra web y puede generar varias páginas vistas y varias visitas en diferentes momentos.

9. Páginas Vistas:

Es la cantidad de veces que una determinada página se ha abierto. Siempre será mayor que el número de visitas y de visitantes únicos. Este será el dato que te interese para medir el número de impresiones de un determinado anuncio o contenido.

10. Promedio de Páginas por visita:

Es la cantidad y media de páginas de nuestro sitio web por el que han navegado los usuarios durante cada visita. Estos datos nos dan la idea de lo apetecible que es nuestra web para navegar por ella. Lo mucho que interesan los contenidos que compartimos y la relevancia de la marca para los usuarios que nos tienen como referencia.

11. Promedio de tiempo en la página:

Es el tiempo de estancia medio de los visitantes en una determinada página. Con esta métrica podrás medir cuánto duran los visitantes dependiendo del contenido, dependiendo de qué fuente de tráfico provienen, dependiendo de la ciudad. El tiempo de estancia medio es uno de los factores que más valora Google para determinar si un artículo es interesante o no.

12. Porcentaje de rebote:

Este dato nos indica la proporción de visitantes que han entrado a nuestra web y se han salido de la misma sin visitar ninguna página adicional de nuestro sitio. Es un valor fundamental en el análisis del comportamiento de nuestro público. Nos da la clave del interés que generan los contenidos o el diseño y usabilidad de nuestra página. Al proporcionar una buena experiencia de navegación al usuario y compartir contenidos realmente buenos obtendremos porcentajes de rebote más bajos.

Esta métrica no tendrá los mismos valores en todas las páginas de nuestra web, así como dependiendo de si es una ecommerce, página de marca o blog. Por ejemplo, el porcentaje de rebote de nuestra home será menor que el de un artículo de nuestro blog en el que el usuario probablemente se haya dado por satisfecho con el contenido del mismo al encontrar la información valiosa que buscaba. Para obtener datos realmente interesantes sobre el porcentaje de rebote debemos ponerlo en relación con el contenido de nuestro sitio y así sacar una buena radiografía de los que despiertan interés o no.

Las Cuatro Grandes Áreas de Analytics

¿Quién es mi público objetivo?
En este apartado vas a poder segmentar a tu público por ciudad, idioma, tecnología, etc. Así podrás comparar los resultados de las métricas anteriores para cada caso.

13. Visitantes recurrentes:
Métrica que nos da la información sobre la parte del público que accede a nuestra web al menos por segunda vez. Se contrapone con la métrica de nuevos visitantes. Al principio una

web tendrá casi todos los visitantes nuevos, y con el tiempo y buen trabajo tiene que ir subiendo los valores de visitantes recurrentes. Así puedes dar también resultados a medio y largo plazo ya que esos visitantes podrían no depender tanto de tus esfuerzos SEO y los que realices en las redes sociales.

14. Datos geográficos y de idioma:

Nos permite segmentar a nuestra audiencia, saber de qué países nos visitan, el idioma de nuestros lectores, aproximaciones sobre la edad o sexo de nuestros visitantes. Datos increíbles que nos darán las claves para orientar los contenidos, diseño de páginas, planificar las horas de publicación, etc.

15. Tecnología:

Este apartado nos proporciona toda la información sobre los sistemas operativos, navegadores y tipos de dispositivos (pc, móvil o tablet) que utilizan nuestros visitantes para acceder a nuestra web. Esta información nos será de gran ayuda para adaptar el diseño de nuestra página para que navegar por ella sea accesible desde cualquiera de estos medios tecnológicos y no perdamos ni una sola visita por no tener un sitio con criterios de diseño responsive o adaptable.

¿Cómo acceden a mi Web?

Uno de los datos que más interesa conocer es cómo has conseguido atraer a alguien hasta tu página. También vas a poder saber el comportamiento de los usuarios según su procedencia.

16. Canales:

Son las fuentes de tráfico a través de las cuales estamos recibiendo las visitas que acceden a nuestro sitio web. Desde la pestaña de canales en el menú de adquisición de Google Analytics encontramos los informes de las fuentes y medios de visitantes. En el menú de navegación del informe podremos ir ajustando las vistas para obtener todos los datos relativos al tráfico recibido. Nos pone en la pista de cómo y cuánto está contribuyendo nuestra estrategia de posicionamiento SEO si nos fijamos en el volumen de visitas que recibimos gracias a las búsquedas orgánicas o de referencia así como, si nuestra estrategia en redes sociales está funcionando y atrayendo público desde las mismas. Los canales son:

Búsqueda orgánica: Son las visitas que acceden a la web a través de los buscadores: Google, Yahoo, Bing, etc.

Tráfico directo: Son las visitas que llegan al introducir la URL de nuestra web en el navegador.

Social: Es el tráfico que recibimos en nuestra web a través de las redes sociales.

Tráfico referido: Cuáles de nuestras visitas estamos recibiendo gracias a los medios que están enlazando nuestro contenido.

17. Palabras clave:
Aquí diferenciaremos las keywords de pago y orgánicas. Son las palabras clave introducidas en los motores de búsqueda a través de las cuales nuestros visitantes han accedido a la web. Las de pago estarán habilitadas cuando hayamos enlazado la cuenta con la de Google Adwords, las provenientes de las búsquedas orgánicas sí estarán disponibles, si bien, cada vez hay un mayor número de palabras clasificadas como *not set*. Para este conjunto de palabras disponemos de la herramienta también de Google "Webmaster Tools".

18. Optimización en buscadores:
Para activar este apartado deberás vincular Google Analytics con Google Webmaster Tools. Nos ofrece la información de los resultados de Google para todas las búsquedas en las que aparece nuestro sitio: con el número de impresiones de nuestras páginas, el número de clics recibidos, nuestro posicionamiento medio y el CTR (el porcentaje de clicks). Gracias a esta herramienta ya no te tendrás que preocupar de las palabras "Not provided" de tu informe de palabras clave en buscadores.

¿Cómo se comportan los visitantes?

En este apartado conocerás qué hacen los lectores en tu web y qué contenidos generan más interés. Al poder analizar cada página podrás analizar los resultados.

19. Porcentaje de salidas:

Es la proporción de abandonos de nuestro sitio web desde una página concreta. Se diferencia del porcentaje de rebote en que entre la página de acceso y de abandono de la visita nuestros visitantes han interactuado en la misma navegando por más de una página.

20. Páginas de destino:

Son las páginas a través de las cuales nuestros visitantes llegan a tu web. Es la página que ha conseguido atraer al lector y descubrir tu página, así que es "la que más mérito tiene". Te va a permitir visualizar los contenidos que más atraen a tus lectores en redes sociales y en buscadores.

21. Duración media de la visita:

Es el tiempo medio que nuestros usuarios permanecen en nuestra web. También es importantísima para medir el interés de los distintos tipos de usuarios en nuestro contenido. La duración de la visita será interesante estudiarla para las páginas de destino de tu web, y así sabrás cuáles de ellas enganchan más a los lectores.

22. Frecuencia media de visitas:

Nos da la medida del tiempo que transcurre entre las visitas. Cuántos de nuestros visitantes acceden a nuestra web un número determinado de veces así como el intervalo de días que pasan entre conexiones.

23. Velocidad del sitio:

Google Analytics nos ofrece datos de tiempo de carga de nuestra página, de redireccionamiento, o de conexión con el servidor, entre otros. Junto a esos valores nos entrega sugerencias de mejora. A través de estas métricas nos permite optimizar la experiencia de navegación de nuestra web, mejorando los aspectos técnicos que pueden ser la causa de pérdida de usuarios.

24. Eventos:

Un evento sucede con una llamada a la acción situado en alguna de las páginas de nuestra web. La reproducción de un video, el llenado de un formulario o la activación de un banner son eventos que podemos dar de alta en el sitio y medir los efectos que está produciendo en nuestras visitas. Para ello deberemos instalar el seguimiento de eventos puesto que su funcionamiento como elemento independiente a la carga de página debe hacerse de forma específica.

25. Adsense:

Con los informes de Adsense (uno de los productos publicitarios de Google que nos permite obtener ingresos a través de la colocación de anuncios en nuestra web) podemos integrar las métricas propias de Adsense en nuestra herramienta de análisis. Podremos medir el rendimiento y los ingresos que se generan a través de Adsense en nuestra web, analizando estos datos por página y referencias de tráfico.

¿Cuál es la Conversión de mis visitas?

De poco te va servir saber los datos totales de tus visitantes si no sabes cuales actualmente están cumpliendo tus objetivos. Así sabrás que contenidos o fuentes están funcionando bien para tus objetivos.

26. Objetivos:

Antes de iniciar nuestro proceso de análisis, para sacarle el máximo rendimiento a la cantidad de datos que nos ofrece Google Analytics, estableceremos nuestros objetivos dependiendo de la estrategia online que tengamos trazada. Podemos configurar cuatro tipos de objetivos: de destino, de duración, páginas por visita o eventos. Para dar de alta un objetivo iremos a través de la pestaña administrador en la columna de vista, "Crear nuevo objetivo".

27. Consecuciones de objetivos:

Es el número de ocasiones en las que hemos conseguido un objetivo. Al ver distintos informes va a ser muy valioso no sólo saber el número total de visitas, sino fijarnos en sólo aquellas que han generado una conversión. Así puedes descubrir que aunque haya muchos medios que te traigan muchas visitas, a veces esos generan menos conversiones que otros con menos tráfico.

28. Valor de las conversiones:

Si lo que tenemos es una tienda online podremos tener los datos de cuánto estamos facturando por cada una de las consecuciones de objetivos. No obstante, el valor de los objetivos en casos diferentes a las ventas, podremos establecerlo de manera aproximada. También podemos integrar y comparar la información offline de nuestro negocio, con los objetivos propuestos y ver el resultado a manera de porcentaje.

29. Embudos multicanal o funnels:

Gracias a ellos vamos a obtener la información de cuáles son los canales que han contribuido a generar nuestras conversiones así como las rutas que han seguido nuestros visitantes dentro de la web desde que han accedido hasta que han alcanzado nuestro objetivo. Los embudos nos van a ayudar a analizar el grado en que cada uno de los canales está contribuyendo a generar negocios o cumplir nuestros objetivos.

Configuración de tus propios informes

Opciones de personalización de Google Analytics

Google Analytics te ofrece multitud de funciones para personalizar tus propios informes y cuadros de mando. Así podrás hacer y compartir el seguimiento de determinadas variables.

30. Informes personalizados:

Una de las opciones de la herramienta de analítica web de Google, es la posibilidad que nos da de crear nuestros propios informes personalizados incluyendo únicamente las métricas y dimensiones que más nos interesen para nuestro objeto de medición. De igual manera podremos crear distintos tipos de informes para reportar unos datos determinados a los distintos responsables de nuestra empresa, anunciantes, etc. Tiene la comodidad de poder juntar en una misma vista distintas gráficas y métricas.

31. Filtros:

Otra de las posibilidades de personalización de Google Analytics es la de establecer filtros con los que concretar muchísimo más las vistas que nos ofrecen los informes personalizados de la herramienta.

32. Segmentos avanzados:

La segmentación nos va a permitir generar información muy precisa directamente orientada a nuestros objetivos, analizando conjuntos más localizados de datos. Si podemos segmentar los datos globales en pequeños grupos, será muy fácil descubrir cada comportamiento y tendencia.

33. Dashboards o paneles:

Dentro de las opciones de personalización de Google Analytics una de las posibilidades más interesantes es la de crear nuestros propios informes o vistas. A través de los widgets podemos concentrar sólo las métricas y dimensiones que más nos interesen, aislando y destacando la información más importante para nuestro negocio y orientación de nuestra web. Una de las opciones geniales que nos facilita es que podemos descargar cuadros de mando muy detallados, realizados por otras personas que los han compartido.

Compartir y Exportar Informes

Todos los datos los puedes exportar fácilmente a Excel y PDF.

34. Invitación a la cuenta:

A través de la pestaña de administrador en gestión de usuarios, Google Analytics nos permite la opción de habilitar el acceso a nuestra cuenta para aquellas personas con las que nos pueda interesar compartir nuestras vistas e informes, con diferentes departamentos de la empresa o anunciantes en nuestra página, por ejemplo.

35. Programar informes por correo electrónico:

Podremos compartir nuestros informes por correo electrónico desde la propia herramienta, de manera puntual o programándolos con la periodicidad que queramos. Esto puede servirte para mandar a tus superiores o a los clientes su informe mensual personalizado.

36. Función exportar:

Todos los informes podremos exportarlos a distintos formatos como PDF o Excel. Esta posibilidad es una de las más utilizadas en la generación y personalización de los informes de resultados que generamos con los datos que nos da Google Analytics. Como encargados del SEO o Community Managers, tendremos que elaborar informes de rendimiento y análisis de estrategias y tráfico web. Para esta tarea uno de nuestros mejores aliados será disponer de una plantilla de resultados en la que poder ir volcando periódicamente los datos de nuestro análisis para poder presentar los informes de la evolución de nuestro plan SEO y/o social media.

Mide y adapta tu estrategia en función de los resultados

Fija cuáles son las métricas que te servirán de indicadores para tu trabajo en la web: tus KPIs. Mide semana a semana y mes a mes para poder ir realizando cambios en tu estrategia. Obtendrás valiosa información que te tiene que servir para adaptar tus contenidos, tu trabajo de posicionamiento, tus acciones en Social Media, tus campañas de Email Marketing o tus campañas de pago.

Google Analytics es una herramienta que va de la mano del SEO. Debes comenzar a utilizarlo y experimentar con sus funciones e informes para obtener toda la información que te permita manejar a la perfección los resultados que obtienes con las palabras clave que utilizas. Esta herramienta siempre será útil para descubrir qué es lo que estamos haciendo mal y requiere correcciones, y que es lo que está entregando buenos resultados. Es necesario que comprendas que Google Analitycs no es en ningún caso una herramienta sencilla de utilizar, entender ni aprovechar. Debes experimentar con ella y acudir a expertos y recursos en la Web para poder llegar a manejarla al 100%, pero a pesar de la dificultad que te pueda suponer, no puedes dejarla de lado en tu trabajo SEO porque siempre será tu mejor aliada.

Audita y Limpia tu Sitio Web

Construir un sitio Web fuerte y con autoridad es una tarea compleja que requiere de mucho tiempo. Al igual como sucede en nuestra casa cuando nos enfocamos solamente en un tema, otros comienzan a quedar de lado o pasan desapercibidos por nuestro lado.

Realizar auditorías a nuestro sitio es una necesidad permanente que nos permitirá descubrir las fallas técnicas que presenta nuestra Web, y corregirlas para que Google no detecte errores que podrían penalizarnos.

Una de las herramientas más utilizadas por los SEO para efectuar auditorías a los sitios Web es Screamingfrog (http://www.screamingfrog.co.uk/seo-spider/), que aunque parece compleja en la forma de interactuar, entrega los mejores resultados de auditoría. Su versión gratuita proporciona un completo informe para hasta 500 páginas, suficiente para la mayoría de los sitios.

También existen otras herramientas más sencillas, pero no por ello menos útiles. A veces es mejor auditar con dos o tres herramientas en forma paralela para descubrir lo que la otra no supo identificar ¿verdad? Es como tener una segunda opinión.

Experimenta con las que te indico a continuación y podrás obtener completos diagnósticos del estado de salud de tus sitios Web:

SEMRush: http://es.semrush.com/

AHrefs: https://ahrefs.com/

114

Características de una Land Page Exitosa

Las Land Page, o Páginas de Aterrizaje son aquellas donde llega el visitante proveniente de los motores de búsqueda o enlaces externos (Inbound Links), y será la primera impresión que se llevará el usuario al llegar a tu sitio. Por motivos obvios, esta Land Page tiene que ser capaz de retener al visitante para que puedas mostrarle el contenido, de otra forma se convertirá en un rebote en tu sitio y no será capaz de generar conversiones. En resumen, la función de una Land Page es conseguir atraer la atención del visitante a primera vista, y llevarlo a la acción (suscribirse a un boletín, realizar una compra).

Todas las Land Page son diferentes, y todas necesitan lo mismo. Sin embargo, cada una responde a necesidades propias del negocio, del blog o de lo que trate nuestro sitio. Y por este motivo, no existe una fórmula única que garantice los resultados que buscas. Se trata de experimentar y monitorear los resultados sobre cada acción que realizamos en ella, nos interesa saber cómo reaccionan los visitantes ante cada prueba y para ello debemos llevar una bitácora de modificaciones que nos permita retomar una línea que mostraba buenos resultados, cuando la siguiente no sea tan efectiva.

Como no es posible establecer una fórmula de diseño y llamados a la acción que puedan dar resultados, lo mejor es observar aquellos sitios que cuentan con Land Pages exitosas, para aprender cuáles son sus fortalezas. Es probable que de estas podamos obtener algunas ideas de la línea que debemos seguir en nuestras propias Land Pages. Por ello he recopilado algunas para que las observemos y analicemos.

Muck Rack (http://muckrack.com/)

La página de aterrizaje de este sitio Web cumple con todo lo que se requiere para hacer que el visitante se quede en ella y tome acción. Es atractiva en términos de diseño, interactiva, entrega titulares claros y precisos que describen muy bien sus servicios. Además es muy intuitiva y fácil de navegar.

La página además sirve para sus dos tipos de audiencia, y se presenta con una división (Split) superior que es capaz de destacar lo que hace para ambos visitantes, separando los servicios eficientemente sin que uno destaque más que el otro.

MuleSoft (mulesoft.com)

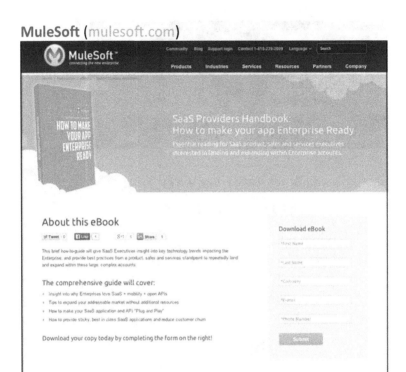

En el caso anterior observábamos una LandPage en el index del sitio. En este otro ejemplo que nos proporciona el sitio Web Mulesoft.com, podemos observar que se trata de una página interior, que promueve un e-book. La idea de esta página de aterrizaje es convertir a los visitantes en suscriptores del sitio, por medio de la invitación a completar un formulario que les permitirá descargar un E-Book que en apariencia proporcionar un muy buen contenido relacionado con las palabras clave que utilizó el visitante al realizar su búsqueda en Google. El diseño es simple y limpio y la vista se desvía inmediatamente hacia el contenido del E-Book, logrando perfectamente su objetivo.

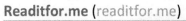

Readitfor.me (readitfor.me)

La parte complicada de utilizar tu Home Page como Land Page es que debes resolver los contenidos para todas las probables audiencias que lleguen a ella, todos juntos en una misma página, quedando claro para todos y llamando a la acción a cada uno de ellos. Este sitio ha conseguido manejar estos aspectos de forma bastante admirable, la página está diseñada para atender tres tipos de audiencia diferentes:

1) Aquellos que ya están familiarizados con su servicio

2) Los que les han visitado antes pero no han tomado acción y,

3) Aquellos que entran por primera vez sin conocer sus servicios.

Para aquellos visitantes que llegan a la Homepage con la intención de crear una cuenta, el formulario se encuentra arriba, al centro de la página.

La cabecera utiliza un lenguaje claro y la descripción se plantea como una pregunta que lleva a la reflexión y al mismo tiempo destaca el valor de sus servicios.

Inmediatamente después del formulario el visitante accede a un video que describe los servicios muy detalladamente, para aquellos que quieren más información antes de suscribirse.

El resto de la página está compuesto de un contenido muy claro que detalla los servicios, listando seis motivos por los que confiar en ellos, y muestra al pie logos de otras compañías que están utilizando sus servicios, para ganar la confianza del visitante.

CodeCademy (codecademy.com)

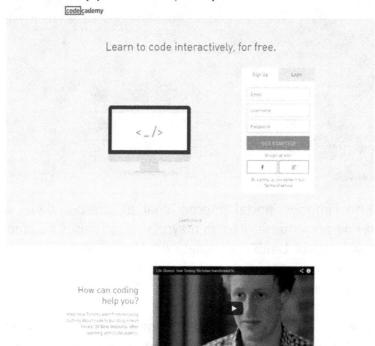

Por lo general me gustan las páginas simples y directas, y en esta la compañía asume que los visitantes saben de qué se trata su servicio o al menos tienen la necesidad de ellos. Tiene únicamente un sencillo formulario de inscripción y un video que explica sus servicios para aquellos que no los conocen aún.

Groupon (groupon.com)

Este conocido portal internacional de ofertas, tiene varias formas de presentarse. Para la mayoría de los países hispanos, se entrega la típica LandPage repleta de ofertas, sin embargo para algunas zonas sí diferencia al visitante por su lugar de origen, y consigue un interesante objetivo.

Con un diseño absolutamente minimalista proporciona su oferta (50 a 90% de descuento) y un formulario que lleva al visitante a inscribirse de inmediato para poder acceder a ellas.

Cuando se logra llevar al visitante a ofertas o contenidos dirigidos especialmente para su ubicación geográfica, las estadísticas dicen que la efectividad de conversión aumenta en un 50%.

Las Land Pages son probablemente uno de los factores de mayor importancia a la hora de convertir a tus visitas en compradores, suscriptores, o participantes activos. Como hemos visto en los ejemplos anteriores, existen páginas de aterrizaje para diferentes objetivos, y cada una de ellas utiliza técnicas y estrategias diferentes que, podrían aplicarse en conjunto o individualmente en tu caso específico. Todo dependerá de qué objetivo te estás planteando, si el público conoce o no tu marca y el tipo de servicios que estás ofreciendo.

Antes te indiqué que no existe una fórmula que garantice el éxito de una página de aterrizaje, sin embargo si existen algunos consejos que no debieras pasar por alto:

TITULAR CON GANCHO

➕ Cuida la tipografía

➕ Mantén espacio alrededor para que llame la atención

➕ Utiliza las palabras clave

➕ Llama a la acción con el texto del título

SE AUDIOVISUAL

- Recuerda siempre, la gente NO LEE

- El video lleva a retener la información

- El video invita a ser compartido

- Utiliza tus propias imágenes

LLAMADO A LA ACCIÓN

- El llamado a la acción **es tu objetivo**

- Colócalo siempre visible y simple

- Incluye las palabras clave

TESTIMONIOS Y CLIENTES

- Los testimonios generan confianza

- La mención de los actuales clientes también

- Debe incluir identificación real del testimonio

- El perfil del testimonio debe ser similar al del público objetivo que buscamos.

CLARIDAD DE LA PROPUESTA

🔻 Los beneficios deben saltar a primera vista

🔻 Debes sintetizarlos

🔻 Debes enfocarlos en tu público

La Autoridad en las Redes Sociales

La autoridad social es un factor que no termina de establecerse, principalmente porque no sabemos a ciencia cierta en qué medida incide en los resultados del SEO. Pero es indudable que sí influye e impacta de forma importante y, probablemente la red social que mejor lo consigue es Google Plus, esa red social de Google que pareciera no tener mucha importancia... pero para ti sí debería tenerla.

La pregunta que nos debiera ocupar es si tener una buena cantidad de +1 en nuestra página podría incidir en el posicionamiento de la misma en el buscador, y los datos que proporciona Google al respecto son tan difusos que la respuesta podría ser tanto SI como NO.

Primero que nada, si ya posees el botón +1 de Google en tu sitio y quieres conocer cuántas personas le han dado con su ratón, te recomiendo usar la barra SEO de MOZ, que te mencionamos en los primeros capítulos (puedes descargarla desde http://moz.com/tools/seo-toolbar, disponible para Chrome y Forefox) y el botón +1 de Google.

tas fundamentales para

gocios e influenciadores en todas las
,et de herramientas gratuitas que te

y 154 045 personas más les gusta esto.

Este contador social está instalado en uno de los blogs en los que redacto contenidos, pero la mejor forma de insertar el botón +1 de Google Plus es instalando la insignia oficial que provee la propia red social en:

https://developers.google.com/+/web/badge/?hl=es.

Es más fiable y te entrega la posibilidad de que desde ahí mismo un visitante pueda seguir tu página.

Los +1 Válidos para Tu Sitio

Los más seguros son aquellos que comparten una URL del sitio Web utilizando la función Enlace que se encuentra entre las funciones de edición de Google+. Para estos casos no importa quién sea quien comparte, puede ser el autor, el administrador, los visitantes... de hecho no es necesario siquiera que el sitio Web esté verificado en dicha red social.

Menos seguros son aquellos +1 hechos en cualquier post de la página verificada, ya sean del mismo sitio o de otro. Por esto es necesario verificar la Web, si tu página está publicando contenidos de calidad redactados por terceros que reciben +1, tu cuenta subirá bastante. Lo extraño de esto, tal como lo describe el especialista Jesús Perez Cerna, es que cuando la página se encuentra verificada y se realiza clic al +1 de un contenido de un tercero, los +1 valen por dos. A qué me refiero: si mi Web publica un contenido enlazado de un tercero, y este recibe un +1, tanto mi Web como la del original tendrán un +1.

Los **con menos probabilidades** son los +1 obtenidos de una comunidad propiedad de la página en Google Plus. De acuerdo a los datos recogidos, estos +1 no se muestran en la barra estadística de MOZ, pero sí en la insignia de Google+, lo que provoca dudas respecto de cómo se tratan estos datos realmente, y si cuentan para Google.

¿Web verificada en Google+?

Una Web verificada es aquella que ha sido enlazada con la página en Google Plus, de acuerdo a sus procedimientos. La Web verificada es muy útil, como se desprende en el texto anterior, para poder obtener más +1.

Para ayudarte a verificar la página de tu negocio en Google+, te dejo a continuación las instrucciones que la propia gente de Google entrega para estos efectos:

Enlazar una página de marca con un sitio web

Enlazar tu página de marca con un sitio web te ayuda a mantener el contacto con tus amigos, tus seguidores y tus clientes. Además, nos proporciona información para determinar la relevancia de tu sitio web respecto a la consulta de un usuario en la Búsqueda de Google.

¿Te interesa enlazar una página de Google+ Local? Si tienes una página de Google+ Local, debes seguir el proceso de verificación local para añadir la información de empresa a Google Maps y mostrar la insignia de verificación en una página de Google+. Sigue estos pasos para añadir tu sitio web a la información de tu empresa.

Enlazar a través del webmaster

Si no estás familiarizado con la edición del sitio web, te recomendamos que trabajes con la ayuda de tu webmaster.

1.   Verifica tu sitio web en Herramientas para webmasters. El webmaster verificado puede aprobar una solicitud para conectar tu sitio web con la página de Google+ de tu empresa.

2.   Selecciona **My business >** Página de Google+ en el menú de navegación situado a la izquierda.

3.   En la pestaña "Información", haz clic en el botón **Enlazar sitio web** situado junto a la URL de tu sitio web.

o   ¿No ves el enlace? Las páginas de Google+ Local no son aptas para enlazarlas a un sitio web. Sigue estos pasos para añadir tu sitio web a la información de tu empresa.

131

4.   Si sabemos quién es el webmaster de este sitio web, te ofreceremos la opción de enviarle una solicitud para que apruebe el enlace. La solicitud de aprobación mostrará tu dirección de correo electrónico al webmaster.

5.   El webmaster verificado puede confirmar el enlace en las Herramientas para webmasters.

Cuando se apruebe el enlace, recibirás un correo electrónico. También verás una marca de verificación ⊚ junto a tu sitio web en la pestaña "Información" del perfil de la página.

Una vez que hayas enlazado tu página de Google+ con tu sitio web, también podrás enlazar tu sitio web con la página de Google+ para dirigir a los clientes a tu perfil en la red social.

¿Los +1 influyen en el algoritmo de Google?

Cada vez el buscador de Google es más personalizado en cuanto a geolocalización, información de sus cookies, el dispositivo que se utiliza para acceder, e incluso influye el que el usuario esté o no identificado con su cuenta Google en ese momento.

Google Plus, tal como ellos mismos lo describen, no es una simple red social. Se trata de **una capa social que reúne todos los servicios de la compañía.** Por lo mismo, debemos entender que no es necesario que un usuario se haya identificado en su cuenta de Google Plus, bastará con que haya abierto su Gmail o haya revisado su Adsense (entre muchos otros servicios) para quedar autenticado en todos los servicios automáticamente.

Por lo tanto, al utilizar el buscador, podrás ver en los resultados publicaciones de las personas que se encuentran en tus círculos, y estas publicaciones mostrarán tendencia para ubicarse en posiciones superiores en la medida que más 1+ posean. Incluso, si estos +1 los han hecho personas que se encuentran en tus propios círculos, mejorará aún más su posición.

En definitiva los +1 sí son un factor de peso en el SEO, mientras quienes buscan en Google se hayan identificado antes en cualquiera de los servicios de esa compañía. Si el usuario está navegando como anónimo, los +1 no influirán para nada en los resultados.

Respecto de las otras redes sociales como Facebook, Linkedin o Twitter, estas no tienen mayor injerencia en los resultados dentro de las búsquedas. Sin embargo el uso de estas redes por parte de los negocios sigue siendo una muy buena práctica para llevar tráfico hacia sus sitios Web, que no se entienda lo contrario.

Los Enlaces Internos

Aunque pueda parecer que el uso de enlaces internos es un concepto básico y que no tiene sentido profundizar en ello, te puedo asegurar que la mayoría de los sitios en Internet no sabe hacer uso de estos, en lo que se refiere al SEO.

Estos son los que construyen consistencia a nuestra estrategia de contenidos, y permiten que los visitantes puedan conocer más acerca de lo que ofrecemos en el sitio completo y no solamente en la Land Page en que aterrizó inicialmente. Pero para lo que nos ocupa en este libro, es por sobre todo la mejor forma de desarrollar tu estrategia de **Link Juice Interno**.

Los enlaces internos, fuera de los menús, deben utilizarse con mucho sentido común. La idea es que constituyan un aporte al contenido, para complementar una idea o profundizar en algún tópico secundario.

Existe una explicación clásica para explicar en pocas palabras lo que es el Link Juice: Es una analogía de lo que sucede cuando vacías una jarra con jugo de naranjas llenando el vaso que se encuentra debajo (que vendría a ser el enlace directo por el que llegan los visitantes), para luego derivarse hacia los vasos inferiores que vienen a ser las páginas internas y externas que enlazas desde ahí mismo. El jugo y su caudal representan la fuerza que tendrían tus enlaces salientes.

Cuando utilizas enlaces internos o salientes, lo que estás haciendo en términos SEO es distribuir la energía y autoridad de tu página hacia los sitios que estás enlazando.

En muchas ocasiones la temática de un sitio obliga a proporcionar enlaces salientes a otros sitios, y esto en teoría disminuiría la fuerza de nuestro sitio frente al SEO. Pero este es un factor que sí es posible administrar para que el Link Juice no afecte negativamente los resultados de nuestro sitio.

Si pretendes alimentar con jugo a 30 enlaces salientes desde tu página principal, lo que ocurrirá, aplicando simple lógica, es que tu propio sitio se debilitará y además los sitios que recibirán ese jugo perderán la energía que tú les estás proporcionando, por lo que puede ser una práctica no recomendable. Para solucionar este problema, lo que se hace es repartir estos enlaces a lo largo del tiempo, no colocándolos todos de una vez. Lo que yo hago, es irlos cambiando cada un mes, para darle tiempo a Google de indexar los enlaces que poseo, y luego modificarlos por los restantes.

Pero esto no debe ser causal de que te atormentes con todos los enlaces, no todos ellos hacen perder fuerza a tu propio sitio. Cuando enlazas a sitios con buen nivel de autoridad, que pertenezcan a tu mismo nicho y que además traten la misma temática, Google lo continuará considerando una excelente práctica y tu sitio, con estos enlaces, no perderá fuerza ni autoridad. En definitiva, no debes desgastarte con enlaces que no aportan realmente al SEO de tu propio sitios, a menos que sea estrictamente necesario.

Si estás utilizando un blog con un diseño comprado o gratuito, o tu sitio Web fue desarrollado por un diseñador que "por olvido" dejó al pie un enlace hacia su sitio, tienes una fuga de Link Juice. Quita los enlaces hacia ese tipo de sitios y enfócate en enlaces dentro del contenido, que fluyan de forma natural para aportar a su calidad.

La Imagen de Marca

La Imagen de Marca es una fuerte pieza dentro del juego del Marketing de Estrategia Relacional, y corresponde a una técnica SEO fuerte y concreta.

En su forma básica, se trata de trabajar fuertemente en nuestra marca durante un periodo de seis a doce meses, para luego conectar con otros profesionales relacionados de forma efectiva y duradera. No se trata de relaciones de intercambio, sino relaciones reales que se mantienen en el tiempo y que producen una gran cantidad de beneficios para ambas partes.

Pasos para crear una imagen de marca:

– Se debe contar con un **plan de marca** para que las acciones de todos los componentes de la empresa sean coherentes.

– Es fundamental que se ejecute la estrategia definida desde la dirección hasta el último eslabón de la cadena.

– Se deben conocer los productos y servicios que se ofrecen, de forma que se pueda entender al cliente y abordar su **experiencia de marca**.

– Deben conocer bien su **público objetivo**. En el Marketing Online existen las herramientas necesarias para analizar estos datos.

– Deben **analizarse los resultados** que está dando la estrategia, potenciar los puntos que mejor funcionan y cambiar aquello que no cumpla con los objetivos.

También existen casos en los que el negocio requiere efectuar un cambio de su imagen de marca:

1) La empresa es nueva

Esta es la razón más evidente: una nueva empresa habitualmente no tiene ninguna imagen establecida con la que presentarse a sus clientes, por lo que debe procurarse una. Es un error pensar que no hace falta crear una imagen: siempre se tiene una, aunque sea la de "*empresa que no se preocupa por su imagen*" (de estas hay muchas).

El momento idóneo para crear la nueva imagen es durante el proceso de creación de la empresa, antes de que salga a buscar clientes, pero cuando ya se ha definido la estrategia. No hace falta que sea perfecta, se puede mejorar más tarde; pero sí debe ser profesional y adecuada a la empresa.

2) La empresa se ha estabilizado

Cuando se crea una empresa nueva siempre hay que ajustar los planes a la realidad del mercado. No siempre es posible conocer con antelación cuál será la actividad que estará realizando al cabo de un tiempo. Cuando esto pasa, se debe renovar la imagen en cuanto la empresa se ha estabilizado y se sabe qué hace realmente.

Por ejemplo, una empresa inicialmente de gestión de créditos al consumo puede acabar especializándose en hipotecas. O una empresa de comidas preparadas puede acabar especializándose en catering.

3) Mal diseño

En muchas empresas, el logotipo es, sencillamente, malo. Lo ha diseñado alguien que no es profesional, alguien con quien se tiene compromiso (por ejemplo, un sobrino que tiene "buena mano con el Photoshop"), o incluso lo ha dibujado el mismo empresario. El mal diseño es el peor de todos los casos: una mala imagen salta a la vista mucho más que una normal; los clientes dudan de su profesionalidad (¿quién se fía de una empresa que no cuida su imagen?), y posiblemente habrá que dar un mejor precio para conseguir los pedidos.

Una buena imagen da confianza a los clientes, distingue a la empresa de la competencia, hace que le recuerden mejor, y le puede permitir cobrar más por sus productos y servicios. Cuanto antes renueve su imagen, mejor.

4) Cambio de nombre

Hay nombres que no funcionan y se deben cambiar, aunque la empresa no cambie de actividad. Nombres aburridos, impronunciables, difíciles de recordar, demasiado largos, demasiado genéricos, iniciales que nadie entiende... O puede ser que los clientes le confundan con otra empresa, o que no identifiquen a qué se dedica. Cuando esto pasa, la única solución es cambiar de nombre.

Si se cambia el nombre de la empresa, la imagen debe, como mínimo, ajustarse para alojar el nombre nuevo. O se puede aprovechar la ocasión para hacer un rebranding completo y relanzar la compañía.

5) Cambiar la percepción de los clientes

Muchas empresas renuevan su logotipo y su imagen corporativa, no porque sea mala o no se ajuste a la empresa, sino para renovar la percepción que tienen de la empresa los clientes, proveedores, inversores, y la sociedad en general. Las empresas quieren presentar una cara más amable, innovadora, tecnológica, moderna, etc.

6) Cambio de estrategia

Las empresas evolucionan con el mercado, y puede suceder que cambien de producto, canal, tecnología, o incluso de sector. Cuando la empresa cambia lo suficiente como para que su imagen ya no la represente, conviene renovarla. Hay dos modos posibles para hacer este cambio:

1. De manera planificada, en cuanto la nueva estrategia es clara, preferentemente antes de implementarla. El desarrollo de la nueva imagen debería formar parte del proceso de cambio estratégico.

2. Sobre la marcha, cuando se detecta que los clientes creen que la empresa se dedica a algo distinto de lo que realmente hace.

7) Crear nuevas líneas de negocio

Las empresas crean nuevas líneas de negocio y nuevas marcas por muchas razones: para introducir una nueva línea de productos, para explotar un nicho de mercado, para crear una segunda marca que compita con la principal, para atacar otras bandas de precio (más caras o más baratas), o para entrar en nuevos mercados. La nueva unidad de negocio puede utilizar la imagen de la matriz, puede adaptarla, o puede crear una completamente nueva.

8) Expansión

Una empresa puede ampliar su campo de actuación de muchas maneras: introduciendo nuevas líneas de productos, accediendo a nuevos mercados o a nuevos canales, atacando a nuevos segmentos de clientes, etc. Si el logotipo y la imagen están ligados a un producto, región geográfica, mercado, canal o segmento, la expansión queda dificultada. Será necesario ajustar la imagen para suprimir esa limitación, redefinirla completamente, o arriesgarse a seguir con una imagen que sólo representa a parte de la actividad.

Cuándo conviene hacer el cambio:

1. Cuando se prevé una expansión importante y se planifica la estrategia. Por ejemplo cuando una empresa de servicios a profesionales decide ampliar y dar servicio directo a los consumidores. O cuando una empresa de venta directa decide ampliar y vender a través de distribuidores.

2. En cuanto la nueva actividad adquiere la suficiente importancia en el conjunto de la empresa. Por ejemplo, cuando una empresa que exporta ocasionalmente aumenta el volumen de sus exportaciones.

9) Concentrar las líneas de negocio

Muchas empresas crean unidades de negocio o marcas independientes, por ejemplo para comercializar productos diferentes, o en canales diferentes, o en segmentos de precio distintos. Puede ser que la diversificación vaya demasiado lejos, que ya no sirva, o que alguna línea de negocio se contraiga, por lo que la empresa decida reincorporar una marca secundaria a la marca principal. Cuando esto pasa, hay que adaptar dos imágenes: la de la marca secundaria, durante un tiempo de transición hasta que los clientes hayan aceptado el cambio de marca, y la marca principal, para aceptar la nueva línea.

10) Especialización

Cuando una empresa se ha diversificado demasiado, puede decidir focalizarse en una parte de su negocio y desprenderse del resto. Por ejemplo, puede abandonar el canal distribuidor y centrarse en la venta directa. O conservar una sola línea de productos. O enfocarse a un nicho de mercado.

Si tu empresa o negocio ya se encuentra en una de estas situaciones, y ves que necesitas renovar su imagen, debes atacar varios frentes para que la marca pueda construir una imagen fuerte y reconocible que, en beneficio del SEO, pueda ser considerada por otros profesionales y sitios Web con autoridad como un referente dentro de la industria.

Es indudable que para conseguir estos requieres de mucho trabajo y probablemente de apoyo externo en forma de asesorías que te permitan atacar cada flanco del negocio de forma tal que la imagen de este se levante tanto en la percepción del público como de la competencia, los proveedores, etc.

Compra de Enlaces

En los primeros capítulos del libro te comenté acerca de las buenas y malas prácticas para el SEO, o White SEO vs Black SEO. Hasta hace algunos años, Google contaba con cientos de empleados que revisaban permanentemente miles de webs para descubrir quiénes estaban aplicando el Black SEO, aunque esto fue cambiando paulatinamente con las nuevas versiones de su algoritmo que poco a poco comenzaba a detectar todo aquello que es considerado una mala práctica.

Entre ellas, la compra de enlaces, o los enlaces pagados, han pasado a constituir un mercado negro no permitido por Google, y los sitios que son detectados colocando este tipo de enlaces, así como quienes los solicitan, son fuertemente sancionados en su posicionamiento dentro de las listas de resultados.

Esta labor la realiza **Google Penguin**, parte del algoritmo de Google. Ya hablamos antes de la necesidad de que los enlaces internos y externos sean naturales y fluidos dentro de los contenidos, y el problema que existe hoy en día con el algoritmo es que en algunas ocasiones existen enlaces que no parecen serlo. En estos casos Google los puede detectar como enlaces pagados, y podría sancionar al sitio completo por ese error. Hay que estar atentos con los enlaces que nos solicitan, ha habido casos de sitios Web que compran enlaces en otros únicamente para afectar negativamente su SEO.

Cuando Penguin penaliza un sitio, sólo existen dos formas de recuperarse:

1) Mejorar el perfil de enlaces y esperar a que Google actualice el algoritmo Penguin (pueden pasar entre 6 y 8 meses para ello)

2) Una opción que da bastante trabajo, pero que funciona más rápido es pedir cambios de links, mandar a Google disavow links y redirección 301 a un nuevo domino. O mejor todavía: redirección 301 a un dominio antiguo (expirado) con autoridad y luego otra redirección 301 desde el dominio con autoridad al nuevo dominio.

Para evitar ser golpeado por Google PENGUIN, la distribución de **anchor text** (textos de los enlaces que van hacia tu web) recomendada es la siguiente:

- Máximo 5% keyword exacta. Estos han de ser los **power links**: los links desde las páginas más relevantes.
- Máximo 5% keyword parcial
- 50% nombre de tu marca

- 25% url de tu web
- 15% genérico

Si quieres puedes arriesgar y pasarte de estas densidades máximas. Es posible que no te pase nada, pero también es posible que el algoritmo intente quitarte del mapa. No recomiendo hacer estas pruebas con clientes (yo no lo hago), aunque sí se pueden hacer con webs experimentales, que te permitirán ir sintonizando tus técnicas con los máximos permitidos.

Fernando Maciá, de la Agencia Human Level escribió un interesante artículo acerca de este tema hace algún tiempo, en el que toca principalmente el cómo evitar tener estos enlaces de baja calidad para que nuestros sitios no se vean perjudicados.

Tras la implementación de Penguin, Google comenzó a enviar mensajes de enlaces artificiales a través de Google Webmaster Tools y, desde agosto de 2013, añadió a esta herramienta una sección específica denominada Acciones Manuales como una subsección de **Tráfico de búsqueda** con la que advertir de la identificación de problemas potenciales tanto a nivel global –que afectan a todo el sitio web– como a nivel parcial –que afectan sólo a determinadas secciones de contenido–.

No obstante, Matt Cutts indicaba que **no hay problema en usar Disavow Tool incluso aunque no hayamos recibido ninguna alerta de enlaces manipulativos por parte de Google,** si detectamos enlaces no naturales o que podemos estar siendo objeto de acciones de SEO negativo.

La ruta recomendada por Google a los Webmasters para la desautorización de enlaces incluye los siguientes pasos:

1.   **Identificar todos los enlaces sospechosos:** esto significa no sólo contemplar los enlaces mostrados por Google en su mensaje o en el apartado de **Acciones manuales** de Google Webmaster Tools, sino también identificar otros similares que igualmente pudieran ser identificados –por su situación en la página, por el dominio de origen, por su anchor text, etc.– como enlaces artificiales o manipulativos. Los datos de partida para identificar estos enlaces se encuentran en la sección **Tráfico de búsqueda > Enlaces a tu sitio** de Google Webmaster Tools y en la sección **Nuevos** de MajesticSEO (magesticseo.com).

2.   **Tratar de eliminar todos los enlaces sospechosos:** esto significa eliminar enlaces que hayamos generado nosotros así como enlaces que, aun habiendo sido creados por otras personas, cumplan alguno de los criterios que emplea Google para clasificar un enlace como manipulativo. Para ello, deberíamos tratar de identificar a los webmasters responsables de esos sitios web y solicitar que eliminen dichos enlaces. Y sólo después de todo esto...

3.   **Generar un archivo de desautorización de enlaces:** que después enviaríamos a Google vía su **Disavow Tool.** Es un simple archivo de texto .txt codificado como UTF-8 o 7-bit

ASCII que podemos generar con TextEdit (Mac) o NotePad (Windows). Más adelante veremos exactamente cuál es la sintaxis de este archivo.

4. **Subir el archivo con Disavow Tool:** fácil, vamos a Google Disavow Tool: (https://www.google.com/webmasters/tools/disavow-links-main)

   seleccionamos nuestro dominio, seleccionamos nuestro archivo de desautorización y lo subimos.

5. **A tener en cuenta:** para empezar, Google advierte que le llevará un tiempo procesar el archivo de desautorización de enlaces que hemos enviado y aplicar los cambios consecuentes sobre el índice y posicionamiento de la web; en segundo lugar, podemos subir sucesivas versiones de archivos de desautorización de enlaces. Cada nueva versión reemplazará la subida anteriormente. Por último, los enlaces desautorizados seguirán mostrándose como **Enlaces a tu sitio** desde Google Webmaster Tools (lo que no significa que Google esté ignorando nuestro archivo de desautorización).

6. **Solicitar revisión:** una vez completados todos los pasos anteriores, podemos enviar una solicitud de revisión desde el botón correspondiente en la sección **Tráfico de búsqueda > Acciones manuales** de Google Webmaster Tools en la que

debemos incluir toda la información pertinente respecto a los pasos para identificar los enlaces problemáticos y eliminarlos.

Sobre la conveniencia o no de usar esta herramienta, se ha escrito abundantemente. **Sujan Patel** se muestra contrario a su uso y también hay numerosos hilos en los foros de Google sobre la efectividad de su uso. Aunque es cierto que, mal usada, esta herramienta también puede dañar tu posicionamiento, en casos como el que exponemos a continuación creemos que es la mejor ruta a seguir.

En cualquier caso, vale la pena tener en cuenta las recomendaciones y advertencias que recoge **Razvan Gavrilas**, sobre todo en lo relacionado al riesgo de desautorizar de forma global enlaces a nivel de dominio, recopilar toda la información relevante para redactar una solicitud de reconsideración completa así como los consejos de Marie **Haynes** acerca de las cosas que normalmente se ignoran sobre Disavow Tool: por ejemplo, que los enlaces desautorizados pueden ser nuevamente activados, que existe un límite de tamaño (2MB) para un archivo de desautorización o que la desautorización de un enlace hacia un destino redirigido no suele surtir efecto (Marie Haynes recomienda en este caso incluir ambas URLs: la del origen del enlace y la del origen del redirect 301).

Usando Google Disavow Tool en la práctica

Como no es lo mismo contarlo que vivirlo, vamos a compartir cómo se detectó un patrón anormal de crecimiento de enlaces hacia el dominio humanlevel.com en julio y cómo se empleó Google Disavow Tool para tratar de evitar que estos enlaces sospechosamente artificiales puedan perjudicar el posicionamiento del sitio afectado.

Primer aviso de Acciones manuales

En abril de 2013, recibieron desde Google Webmaster Tools un aviso de **Acciones Manuales > Coincidencias parciales**, donde Google alertaba de la detección de enlaces "enlaces artificiales, engañosos o manipuladores que dirigen a páginas de ese sitio". Los enlaces en cuestión se referían, efectivamente, a enlaces incluidos dentro de algunos de sus posts que habían sido replicados en otros sitios web. En este caso, los posts estaban publicados en sitios web de redifusión de notas de prensa ¡¡y se remontaban nada menos que a 2004-05!!

Aunque en algunos casos fue complicado, lograron recuperar el acceso a dichos sitios para eliminar dichos enlaces (por cierto, muchos de estos enlaces en el momento de esa alerta ya eran enlaces que apuntaban a URLs redirigidas con 301, ya que se trataba de artículos publicados bajo versiones más antiguas de la web).

Coincidencias parciales

▾ Algunas acciones manuales se aplican a páginas, secciones o enlaces específicos

Motivo   Afecta a

Enlaces artificiales a tu sitio: enlaces de impacto   Algunos enlaces entrantes
Google ha detectado un patrón de enlaces artificiales, engañosos o manipuladores que dirigen a páginas de este sitio. Es posible que algunos
enlaces estén fuera del control del webmaster, por lo que para esta incidencia llevaremos a cabo acciones en los enlaces artificiales en lugar de en la
clasificación del sitio en general. Más información

SOLICITAR UNA REVISIÓN

Eliminación y/o modificación de enlaces

Dado que la advertencia se refería a **Coincidencias parciales** y que no habíamos detectado ninguna caída en tráfico ni posicionamiento, decidimos limitar nuestra respuesta a tratar de eliminar los enlaces que fueran apareciendo en la alerta. Y, en efecto, una vez eliminados estos primeros enlaces, fueron apareciendo otros. En general, correspondían a enlaces de alguno de estos tipos:

1. **Enlaces en artículos antiguos redifundidos o plagiados hace varios años:** el primer caso se refiere a posts que activamente se redistribuyeron en el pasado (2003 hasta quizá 2008-09) a través de portales de redifusión de noticias, artículos y notas de prensa con pocas o ninguna modificación en su redacción. Muchos de estos portales tenían *feeds* que alimentaban un cierto número de otros sitios web, así que estos artículos acabaron apareciendo en muchos otros

158

dominios. Los enlaces que contenían estos artículos eran enlaces absolutos de forma que, si no eran modificados por el webmaster, cada nueva publicación aportaba nuevos enlaces al dominio con *anchor text* muy relevantes y que, **en aquella época**, influían positivamente sobre el posicionamiento.

2. Junto a estas republicaciones, se detectó también un gran número de sitios que simplemente copiaban y pegaban su contenido, manteniendo los enlaces en muchos casos. Conforme han aparecido estos enlaces en **Acciones Manuales**, han ido modificándolos, eliminándolos o solicitando que los eliminaran, hasta ahora con éxito.

3. **Enlaces site-wide:** se trataba de enlaces publicados en secciones de *blogroll* o en pies de página. En el primer caso, se trataba de blogs de amigos, colegas, alumnos, etc. que habían incluido un enlace hacia el dominio. En general, los enlaces fueron detectados por Google como artificiales cuando, además de ser *site-wide* (estar en todas las páginas), incluían un *anchor-text* relevante hacia la raíz del dominio. Por ejemplo, aparecieron detectados enlaces desde *blogrolls* con *anchor* como "Posicionamiento en buscadores", pero no cuando el *anchor* era "Human Level Communications". Conforme fueron apareciendo dichos enlaces en **Coincidencias parciales**, fueron contactados por mail con él/la responsable de cada sitio web para que eliminaran o modificaran dichos enlaces.

En el segundo caso, los enlaces en pie de página correspondían a algunas de las primeras webs desarrolladas por Human Level Communications y en las que se había incluido, como era costumbre entonces, una línea de crédito del tipo "Sitio Web desarrollado por Human Level..." con enlace hacia el dominio.

4.   **Enlaces en directorios:** la última tipología de enlaces "raros" corresponde a enlaces incluidos en directorios que no habían sido creados por ellos. Sobre todo si se trata de enlaces con anchor text optimizados. De éstos, en algunos casos sí ha sido posible identificar al responsable del directorio para solicitar su eliminación mientras que en otros casos, no.

Desde el primer aviso de **Acciones manuales**, intensificaron el seguimiento de enlaces entrantes hacia el dominio, principalmente con dos herramientas: Google Webmaster Tools, a través de su sección **Tráfico de búsqueda > Enlaces a tu sitio**, y MajesticSEO.

Alerta de enlaces artificiales

Fue precisamente revisando enlaces entrantes en MajesticSEO cuando se encontró el siguiente gráfico en julio de 2014. Una subida anormal tanto en el índice Fresh como en el Histórico:

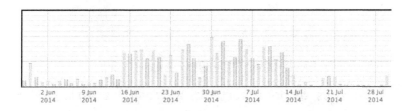

| 2 Jun | 9 Jun | 16 Jun | 23 Jun | 30 Jun | 7 Jul | 14 Jul | 21 Jul | 28 Jul |
| 2014 | 2014 | 2014 | 2014 | 2014 | 2014 | 2014 | 2014 | 2014 |

Sobre un patrón de descubrimiento de nuevos enlaces más o menos sostenido en los últimos meses, de pronto detectaron a partir de mitad de junio **un aumento repentino en el número de nuevos enlaces entrantes descubiertos cada día**. ¿Se había disparado la popularidad del dominio instantáneamente? ¿Podrían estar siendo objeto de alguna **táctica de SEO negativo**? O, lo que al final es lo que realmente cuenta, estos nuevos enlaces entrantes ¿les podían beneficiar o les podían perjudicar en su posicionamiento?

Identificación de dominios origen de los enlaces

Revisando de qué dominios provenían los nuevos enlaces, descubrieron muchos dominios legítimos a los que tienen razones para agradecerles sus enlaces, pero también varios directorios que llamaron la atención. Entre ellos:

- enlaces-directorio.com
- link-links.org
- web-directorio.com
- informaticaautonomos.com
- directorioinformatica.com
- bigbozz.es

161

- Etc.

Tras visitar los distintos dominios quedó claro que:

- Algunos de los directorios estaban desarrollados con la misma herramienta y prácticamente la misma plantilla. Los datos de contacto confirmaron que, efectivamente, pertenecen a la misma persona y afortunadamente había un teléfono de contacto. El principal problema con estos dominios era que se trataba de un **anchor text   sobreoptimizado** (posicionamiento en buscadores). Un número excesivamente alto de enlaces con este anchor text apuntando a la raíz del dominio podría penalizarlo justo para esa búsqueda:

- Dos dominios más también estaban relacionados entre sí. En los propios dominios no hay nombre del titular, correo electrónico o teléfono, sólo un formulario de contacto. Así que hicieron un rápido **Whois** que reveló el nombre del titular del registro de ambos dominios e incluso su teléfono móvil. El principal problema, anchor text con cambios extraños en un entorno igualmente extraño (ver la expresión "funciona desde hace 12,2 ojetes y esto implica intrepidez para los agraciados") del tipo *"scrape & spin"* que tanto gusta a los *black hat*:

- **En cuanto a Bigbozz, se trata de la versión española de una red de directorios con presencia en varios países. No había datos de contacto y la búsqueda Whois sólo nos reveló el nombre del titular, pero no su correo o teléfono.**

Junto a estos directorios, también identificamos un dominio (Dragonmoondesign.com) que había plagiado un antiguo artículo con enlaces absolutos y que aparecía citado como muestra de enlaces sospechosos en el informe de **Acciones manuales** de Google Webmaster Tools.

Solicitud de eliminación de enlaces

Tal como recomienda Google, el día **1 de agosto** realizaron las siguientes acciones:

- Nos pusimos en contacto vía telefónica con los responsables de los tres primeros directorios que se mostraron muy receptivos y dispuestos a atender de inmediato nuestra solicitud de baja.

- En el caso de InformaticaAutonomos y DirectorioInformatica, también nos pusimos en contacto con su titular, quien parece que se sorprendió bastante de nuestra llamada. Se mostró dispuesto a eliminar los enlaces "cuando tuviera tiempo" pero un mes más tarde los enlaces siguen apareciendo en el directorio.

- Enviamos un mensaje al correo de contacto de DragonMoonDesign también solicitando la eliminación de nuestro dominio. A día de hoy, no hemos obtenido respuesta alguna.

- En el resto de directorios o dominios, no obtuvimos datos de contacto o respuesta a la solicitud.

Generación del archivo Disavow

El día 19 de agosto, y tras comprobar la aparición del directorio BigBozz en **Enlaces a tu sitio** de Google Webmaster Tools, decidieron enviar un **archivo actualizado de desautorización** incluyendo todos estos enlaces de directorios.

El archivo lo generamos con codificación UTF-8 usando el editor TextEdit en un Mac, con el siguiente contenido:

#Enlaces no solicitados publicados en directorios. Propietaria (xxxxxxxxxx) contactada el día 1 de agosto de 2014 por teléfono. Le solicité la eliminación de todos los enlaces hacia humanlevel.com. Enlaces eliminados confirmados el día 8 de agosto de 2014
domain:enlaces-directorio.com
domain:link-links.org
domain:web-directorio.com
#Enlaces no solicitados publicados en directorios. Propietario (xxxxxxxxxx) contactado el día 1 de agosto de 2014 por teléfono. Le solicité la eliminación de todos los enlaces hacia humanlevel.com. Dijo que los suprimiría cuando tuviera tiempo. El día 19 de agosto los enlaces siguen   activos
domain:informaticaautonomos.com
domain:directorioinformatica.com
#Imposible contactar propietario (xxxxxxxxxx). No hay información de contacto ni teléfono en los registros de dominio ni en la web
domain:bigbozz.es

166

#Contactado con soporte para que quiten todos los enlaces desde esta URL pero sin respuesta. El día 19 de agosto los enlaces siguen activos
http://www.dragonmoondesigns.com/indexable_websites_search_ engine_ready_born_to_compete_and_win.php

Etc.

Como se puede ver, la sintaxis del archivo Disavow es muy sencilla. Sólo hay que tener en cuenta incluir una almohadilla (#) antes de las líneas de comentario. Incluir de forma independiente cada URL en la que se encuentra el enlace apuntando hacia nuestro contenido que queremos desautorizar, o bien desautorizar en bloque todos los enlaces salientes de un dominio empezando la línea con la palabra "domain" seguida de dos puntos y el dominio a bloquear. Una vez comprobado el archivo, lo guardamos con formato UTF-8. A la hora de desautorizar dominios completos, debemos ser cuidadosos para no bloquear enlaces legítimos que sí pueden estar aportando valor a nuestro dominio.

Vale la pena destacar que, según John Mueller, **los comentarios no son leídos por los supervisores de Google sino que el archivo es procesado automáticamente.** Debemos, por tanto, incluir en los comentarios sólo la información que a efectos del seguimiento de nuestras acciones nos convenga incluir. Básicamente, qué hemos hecho y cuándo.

A pesar de haber logrado eliminar los enlaces de los tres primeros directorios, decidieron por seguridad incluirlos también en el archivo de desautorización de enlaces.

Desde la herramienta **Disavow**, todo lo que tenemos que hacer es seleccionar el dominio al que queremos aplicar el archivo de desautorización, seleccionar el propio archivo en nuestro disco duro y confirmar. La herramienta carga el archivo y nos dice si es correcto. También nos llegará un mensaje solicitando la confirmación de que realmente queremos aplicar ese archivo de desautorización sobre nuestro dominio. El mensaje llegará a los administradores de la cuenta de Google Webmaster Tools y también se puede ver en el propio apartado de Google Webmaster Tools **Mensajes del sitio.**

Solicitar una revisión en Google Webmaster Tools

Una vez enviado a Google el archivo de desautorización de enlaces, ellos decidieron **esperar** a comprobar algún efecto del mismo. Luego comprobaron que la URL de DragonMoonDesign ya no aparece como muestra de enlace sospechoso en el apartado **Acciones manuales** de Google Webmaster Tools, aunque ahora indica de forma genérica que "Algunos enlaces entrantes" (sin mostrar ninguno en concreto) le siguen pareciendo sospechosos.

*A partir de ahora, vamos a dar un cierto margen de tiempo a que se actualicen los datos de **Enlaces a tu sitio** de Google Webmaster Tools y revisaremos de nuevo todos los enlaces entrantes listados para descubrir cuáles pueden estar siendo detectados por Google como manipulativos.*

Seguiremos revisando periódicamente los datos de MajesticSEO para descubrir cuanto antes los nuevos enlaces entrantes hacia nuestro dominio, comprobando el TrustFlow que aportan, el anchor text *empleado y la clasificación temática del dominio de origen.*

*Iremos ampliando consecutivamente el número de dominios y/o URLs de nuestro archivo Disavow, incluyendo comentarios de cuándo añadimos qué URL o dominio. Usaremos esta información para completar la **Solicitud de revisión** sólo cuando, al menos por nuestra parte, estemos seguros de que hemos logrado eliminar todos los enlaces sospechosos.*

¿Qué tan dañinos pueden ser estos enlaces?

De acuerdo a las consecuencias que ha tenido Penguin en otros dominios, el efecto de una detección de enlaces artificiales con anchor text sobre-optimizados normalmente perjudica el posicionamiento del sitio web justamente para las palabras clave usadas como *anchor text*. Debemos, por tanto, **controlar escrupulosa y frecuentemente los *anchor text* de los enlaces entrantes** que, o bien nos podrían perjudicar si se concentran excesivamente sobre una palabra clave determinada, o bien nos podrían perjudicar si se apartan demasiado de nuestro objetivo de posicionamiento como ocurrió en los dos ejemplos que hemos visto.

Algunos de los enlaces de estos directorios corresponden al primer tipo mientras que los procedentes de *DirectorioInformatica* se podrían asimilar al segundo. Este directorio parece funcionar con algún tipo de robot que varía las páginas de destino y los anchor text que apuntan hacia ellas, por lo que se supone **potencialmente perjudicial**.

Dada la potencialidad de usar enlaces para afectar negativamente al posicionamiento de otros sitios web, vale la pena mantenernos vigilantes respecto a los nuevos enlaces que apuntan a nuestro sitio para controlar que cumplen los criterios de calidad que exige Google.

Términos SEO más utilizados

Para moverse adecuadamente en el mundo del SEO y posicionar nuestras páginas utilizando técnicas, estrategias y consejos de especialistas del área, siempre es bueno recordar qué significan aquellos términos que rondan en este campo con frecuencia, y que muchas veces no son explicados con sencillez.

SEO On Page: Nos referimos a todo aquello que podemos hacer dentro de nuestras páginas para optimizar la página en sí.

SEO Off Page: Englobamos a todos los factores que podemos trabajar para mejorar nuestro posicionamiento desde fuera, utilizando recursos que nos brindan otros sitios, como los enlaces entrantes.

SERP: Son los siglas de *Search Engine Results Page*, es decir, la página de resultados que nos devuelve el buscador que hayamos utilizado tras hacer una determinada búsqueda.

Keywords: Palabras clave (no necesariamente una palabra en solitario, usualmente se trata de frases) con las que queremos que el buscador nos posicione para que nos tenga en cuenta en sus resultados frente a determinadas búsquedas de sus usuarios.

Long Tail: Frases (y no sólo palabras) que un usuario introduciría en el buscador, apuntando a nichos más segmentados sobre todo cuando se compite con gigantes de la industria relacionada con nuestro negocio.

Anchor Text: Palabras con las que enlazamos a otros sitios web o nos enlazan a nosotros.

Domain Authority: Es el valor o la fuerza que tiene nuestra web en conjunto y, en un ranking de 0 a 100 que podemos medir con la barra de Moz (Empresa con mucho prestigio en el ámbito del SEO).

Page Authority: Es la autoridad ya no del dominio en conjunto sino de una página en concreto. Igualmente, el ranking va de 0 a 100 y también se mide con la barra de Moz.

LinkBuilding: Es como se conoce a la estrategia de construcción de enlaces hacia nuestro sitio Web.

LinkBaiting: Es cuando nos enlazan sin haberlo pedido, para definirlo de alguna forma. Se encuentra directamente asociado a la publicación de contenidos de valor para el usuario.

Enlaces Dofollow: Son aquellos links que nos transmiten la "fuerza" de quien nos enlaza y que, por tanto, son los que nos interesan para mejorar nuestro posicionamiento y ganar autoridad.

Enlaces Nofollow: Son los links que no nos transmiten su autoridad pero que también son importantes para aportar naturalidad.

Links Internos: Con ellos lo que conseguimos es ir distribuyendo la fuerza de una página a otra para mejorar el posicionamiento global de nuestra web.

Rueda de Enlaces: Se trata básicamente de crear una red de blogs de apoyo de temática relacionada con tu web principal para abastecerlos de contenido y poder enlazar desde ahí hacia el dominio principal que se quiere posicionar.

Linkjuice: La fuerza o autoridad que una página web transfiere a otras mediante enlaces.

Pirámide de enlaces: Consiste en diseñar una estructura de enlaces en forma de pirámide, de forma que en el vértice estaría la web que queremos posicionar y a continuación distintos niveles o escalones de enlaces, de mayor a menor calidad, hasta llegar a la base.

Hemos visto a lo largo de este libro diversos aspectos que afectan al SEO de nuestros sitios Web, y si podemos resumir en una sola frase todo el contenido, la siguiente representa fielmente la importancia del SEO en el mundo del marketing digital:

Google premia los buenos contenidos, y celebra que otros sitios con autoridad consideren al nuestro.

Todo el SEO, desde hace unos años a la fecha, ha sido modificado debido a los constantes cambios al algoritmo de Google, sobre los que realiza periódicamente variaciones para mejorar los resultados y hacerlos más orgánicos. **Las prácticas habituales del SEO de hace cuatro años ya no tienen ninguna validez, y podrían incluso hundir a nuestros sitios en las profundidades de los resultados.**

Es necesario mantenerse actualizados con las fórmulas, técnicas y estrategia que utilizaremos desde hoy en adelante para gestionar nuestro trabajo SEO, por el bien de los resultados de nuestro negocio gracias a los beneficios que aporta un buen trabajo de posicionamiento de nuestro sitio Web.

 **Bibliografía de Apoyo:**

- **H**uman Level (humanlevel.com)

- **C**ontent Marketing Institute
  (contentmarketinginstitute.com)

www.ingramcontent.com/pod-product-compliance
Lightning Source LLC
Chambersburg PA
CBHW071154050326
40689CB00011B/2113